ゆるい職場

若者の不安の知られざる理由

古屋星斗
リクルートワークス研究所 主任研究員

781
中公新書ラクレ

はじめに――若者はなぜ会社を辞めるのか。古くて、全く新しい問題

「若手が突然転職しますと言ってくる」。さらに続けて、「若い連中が何を考えているのかわからない」、「新入社員との接し方はどうすればよいのか」……。こうした課題を抱えていない企業はないのでは、と思わされるほどに聞くことが多い悩みである。

一方で、当の若手本人からこんな声が聞こえてくることはご存知だろうか。「一度も叱られたことがない」「学生時代に近くて肩透かしなんです」「親戚の子どものように扱われていると感じる」……。私は当初、全く別の研究をするつもりで数十名の大手企業を中心とする新入社員にインタビューを行ったのだが、その際に上のような意見を非常に多くの新入社員から聞き、率直に言ってとても驚いた。自分の知っている新入社員時代の状況と違いすぎるためである。更に驚いたのは、比較的従来型の負荷の高い環境に身を置いている若手でも、そういった意見について驚くでもなく「わかる」「当然」「そう言っている人が周りにいる」という態度を示したことであった。

私は2011年に社会に出た若輩者であるが、それでも3年目くらいまでは深夜残業を度々し、週に何度かは職場で叱責・痛罵《つうば》され、上司より早く帰るときにはかなりの気を使ったものだ。しかし、確かによくよく考えてみると現在、例えば新入社員に対して叱る光景を見ることは全くと言っていいほどなくなった。このギャップの激しさに愕然《がくぜん》としたことが、研究のスタートであった。

この点について、昨今の新入社員の職場環境については大きな謎がある。それは「労働環境が急速に改善しているのにも関わらず、なぜ離職率が上昇しているのか」という問題だ。一般に労働環境の良さと離職率には明確な負の相関があり、環境が良い方が辞めない、と考えるのが普通である。しかし、ここ10年ほどの日本全体で考えた場合にはこの法則が当てはまらない。例えば大手企業（従業員1000人以上。以下同様）の大卒以上新入社員の週労働時間は2015年では44・5時間であったが、2019年では43・5時間、2020年では42・4時間と徐々に縮減している（リクルートワークス研究所、全国就業実態パネル調査）。1週間の法定労働時間を40時間とすれば、残業時間は2010年代後半だけで4・5時間から2・4時間へとほぼ半減しており、労働環境としては急速な改善傾向にあることがわかる。他方で、大手企業の入職3年未満の新入社員の離職率は、2009年卒では20・5%であったが、2017年卒では26・5%まで上昇していた（厚生労働省調査）。労働環境が改善されたのに、離職率が上がっているという謎が存在しているのだ。

この謎に対しては「最近の若者は……だから」で始まる「若者論」で回答する言説がしばしば語られてきた。確かにこうした若者論、世代論はいつの時代にも存在したものだ。最近はZ世代が対象だが、かつてはミレニアル世代、ゆとり世代、氷河期世代、古くはバブル世代、「新人類」といった名称で若者を呼んだものである。現在企業において枢要なポストにおられる諸氏にも呼ばれた記憶があるのではないだろうか。ただし、私は現在の状況や浮上する「謎」は、こうした若者論の範疇《はんちゅう》では完全に理解することができないと考えている。なぜならば、近年、若者側以上に職場側が変わったからである。

この職場側の変化は「雰囲気や空気感が変わった」などという曖昧なものではなく、〝職場運営に関わる法律が変わった〟という極めて構造的なものだ。詳しくは本文で述べるが、例えば、2015年に若者雇用促進法が施行され、採用活動の際に自社の残業時間平均や有給休暇取得率、早期離職率などを公表することが義務付けられた。201

9年には働き方改革関連法により労働時間の上限規制が大企業を対象に施行された（中小企業は2020年から）。他にも2010年代後半から現在に至るまで、非常に多くの職場に関する法令が改正された。改正はもちろん、最終的に日本の全ての企業・職場の労働環境に影響を与える。この動きを筆者は「職場運営法改革」と呼んでおり、近年の労働時間の縮減を始めとした職場環境の急速な改善は、間違いなくこの影響である。

新入社員を取り巻く職場環境が良くなること自体は歓迎すべきことである。しかし、その結果として日本の新入社員の育成環境は大きく変わってしまった。

これまでのように時間をかけられないとすると、従来のOJTをベースにした育成メソッドは通用するのだろうか。フィードバックは十分にできるのか。会社への囲い込みを前提とする定着施策が育成の足を引っ張っていないか。上司は若手とどう関わるべきか。そしてそもそも、日本の若手のキャリア形成の大前提であった、「最初に入った職場でしっかり育ててもらう」ことが難しくなってしまうのではないか。だとすれば、日本の若手はどこで育てば良いのか。

こうした問題について、本書は各種の若手社会人に対する調査をもとに検証する。筆者が所属する人と組織の研究機関、リクルートワークス研究所はさまざまな調査を実施しており独自のデータを蓄積している。本書では公的な調査に加えて、こうした独自調査も含め多くのデータを提示するが、その過程で以下のような問題に対して「ソリューションの道しるべ」を提示することを目的とする。

①現代の若手はなぜ自社を辞めるのか
②これからの職場は若手とどういう関係を結ぶべきか
③自律的でパフォーマンスの高い若者ほど退職する問題
④仕事の負荷が高くないと育たないが、高いとモチベーションが低下する問題

本書はまず現在の若手の職場環境について構造的に捉えるために、第一章で、若手の就労の状況変化を見るとともに、その変化の理由を検討し若手を取り巻く職場環境の現在地を確認する。第二章では、「若手はなぜ自社を辞めるか」問題について、最新の調査から彼ら・彼女らの「不安」に焦点を当て、新たな職場観がその引き金になっていることを提示する。第三章では、その新たな職場認識、「ゆるい職場」の高まりの理由が、職場自体の変化に加えて若手側の入社前の多様性の高まりにあるという事実を解説する。

第三章、第四章では、入社後の若手社員のパフォーマンスに焦点を当て、行動し多くの経験を積んでいる若手に関する調査結果と具体的な事例を合わせて見ていきたい。また、そうした「優秀で自律的な若手」を引き付けるための組織像を検討する（第五章）。第六章では、職場環境の変化のなかで、新たに持ち上がってくる育成上の大きな課題に対して現在始まっている萌芽的取り組みを紹介・解説する。第七章では入社前から多様化する若手を検証した際に浮き彫りになる、学生時代の重要性を選択の動機づけ問題を題材に考える。

そして最後に、直面する課題を超えたところにある「ゆるい職場」が持つ可能性を取り上げる。期せずしてもたらされた、キャリア選択が著しく自由な環境が若手にどういった影響を与えるのか。その影響を最大限活用するために取り除く必要のある、社会課題も含めて考えていく（第八章）。

なお、本書では大手企業の新入社員を主な対象として扱うが、その理由は人事労務を含めた環境改善、コンプライアンス重視の動きが、株式市場をはじめとする社会的責任が大きい大手企業から開始されているためである。近年の労働法改正も大手の企業から施行されている。こうした動きは最終的には中小企業も含めた全ての企業に広がっていくが、その潮流の端緒は大手企業の職場がつくっているといえるのだ。

若手育成の問題は古くからある問題である。しかし、現在の若手問題にはこれまでにはなかった多くの課題が含まれる。本書によって、若手をどう育てていくか、という古くて実は全く新しい問題を、改めて考え始めるきっかけとなれば幸いである。

目次

第四章 「ありのままで」、でも「なにものか」になりたい。入社後の若者に起こること……105

図表作成・本文ＤＴＰ／明昌堂

ゆるい職場

若者の不安の知られざる理由

第一章

注目すべきは「若者のゆるさ」ではなく「ゆるい職場」

ゆるい飲み会、ゆるいサークル、ゆるい勉強会。昨今、様々な場所でゆるく過ごせる、ゆるく繋《つな》がれる場を大切にする人、特に若い世代が増えていると言われている。もともと、「ゆるい」という日本語にはたくさんの意味があるが、この場合には、規則やルールが厳しくない、寛大である、のんびりしている、あるいは激しくない、ゆっくりしている、といった意味がふさわしいだろう。

さて、他方でこの「ゆるさ」を感じる場面についてひとつ興味深いことが起こっている。職場に対して「ゆるさ」を感じる若者が相当数存在しているのだ。

リクルートワークス研究所が2022年3月に実施した調査のなかに、大手企業に入った大卒以上の入社1~3年目社員に「現在の職場をゆるいと感じるか」を聞いた設問がある。結果として「あてはまる」は8・4%、「どちらかと言えばあてはまる」は28・0%であった。合わせて約36%の新入社員が「職場がゆるい」と答えている。

この結果を見て現在企業で若手の面倒を見たり、教え導いたりする立場にある諸氏の感想はいかがだろうか。筆者の新入社員時の経験を思い返せば、その職場はきつさや厳しさはあれど、「ゆるい」と感じたことはついぞなかった。かつて新人や若手にとって、入職したばかりの職場は一種の修行の場、鍛錬の場、自らをリセットしてゼロから社会

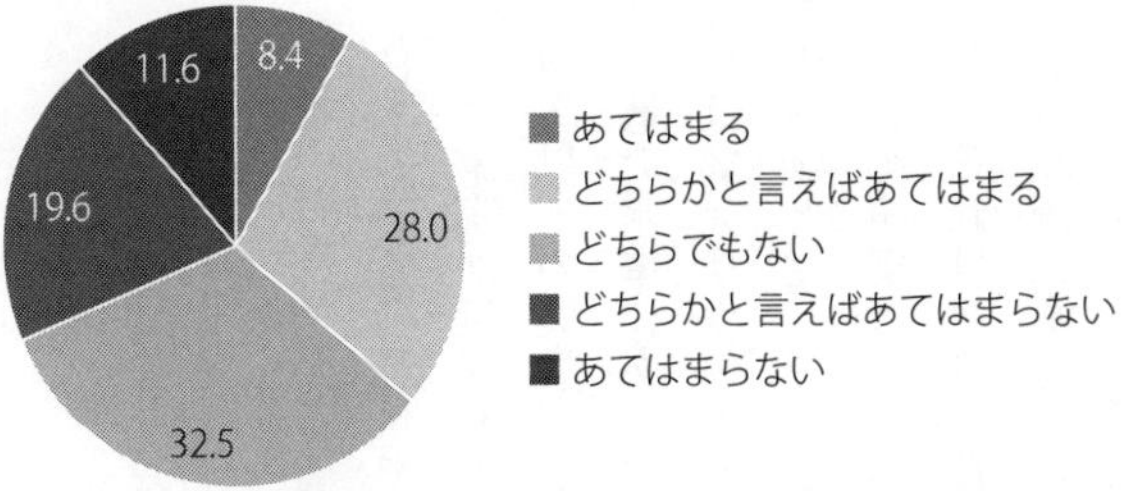

※リクルートワークス研究所「大手企業における若手育成状況調査」(2022年)
2022年３月実施。WEB 調査、サンプルサイズ2985。人口動態割付をし集計。
※従業員数1000人以上。以下「大手企業」について同じ定義を用いる。

【図１】現在の職場を「ゆるい」と感じる（2022年３月）

人を始める場であったように思う。一定の世代より上の社会人の方であれば同じような感想を持つのではないか。「きつい」「辞めたい」と感じたかどうかは人それぞれだと思うが、少なくとも「どちらかというとゆるいと感じています」などという意見は出てくる余地はなかったのではないか。

さて、なぜこういった結果が生じたのかを考える必要がある。「若者がゆるい場を好むからだ」「ゆるくてぬるい環境に安住する若者が多いのだ」と片付けるのは簡単だ。しかし、ここで現代に生きる私たちがまず留意する必要があるのは、日本の職場環境が２０１０年代後半以降、５年ほどで構造的な変化を起こしたという事実である。

第一章では「若者がゆるくなった」のではなく「職場がゆるくなった」と言うべき職場環境の変化

を概観していこう。

1　若者の早期離職状況

日本の若者就労の特徴

日本の若者の現状やこれからを考えるうえで、最初にひとつ押さえたい事実がある。若年失業率が世界有数の低い国であるということだ。

24歳以下の失業率を「若年失業率」と言うが、日本はここ10年ほど、国際的にみて非常に低い水準にある。２０２２年２月では24歳以下の若者の失業率は日本で３・８％。これはアメリカの８・３％、イギリスの11・１％、ドイツの５・７％といった他の先進国の数字と比べて著しく低い。なんだそれだけの話か、と思う向きもあるかもしれないが、この事実は若者の活用・育成の問題を考えるうえで欠くことのできない視点を提供する。それは、日本社会がすでに若者をフル活用しており、ほとんど若者人材が出払っている状況にあるという視点である。世界には〝若者をフル活用していない〟国がいくらでもある。例えば、フランスは若年失業率が16・４％であり、スペインに至っては約

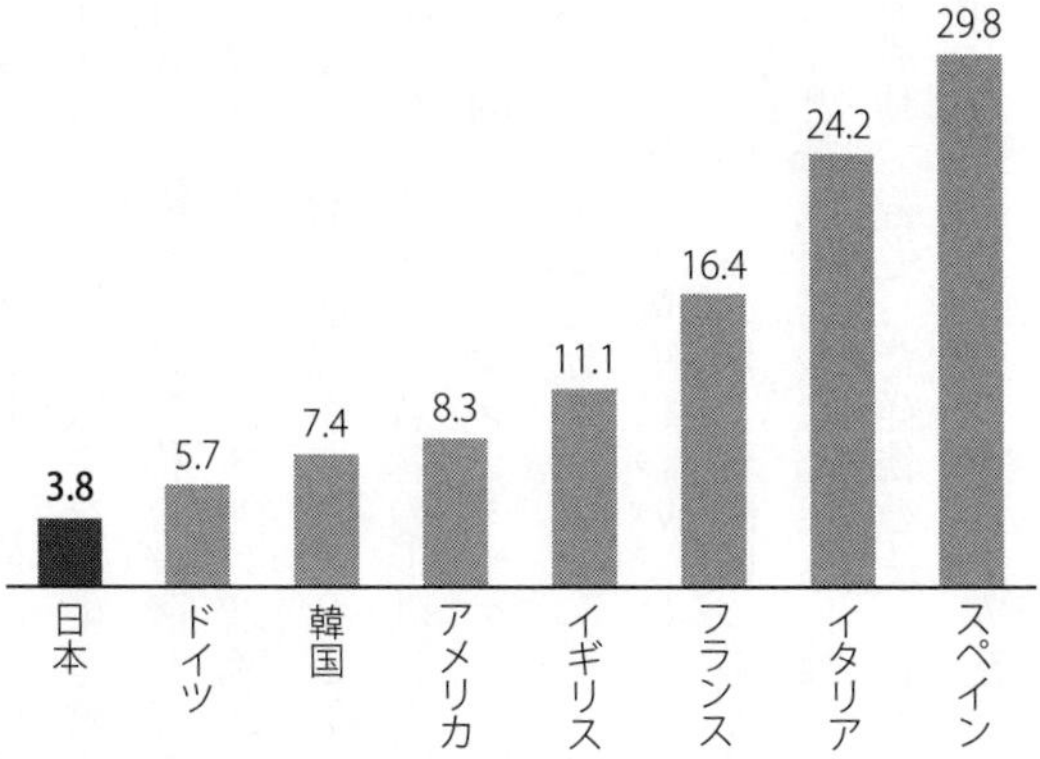

※労働政策研究・研修機構、国際比較統計：完全失業率（15〜24歳）。イギリスは2021年12月のデータ

【図２】若年失業率の国際比較（2022年２月）

３割だ。そんな国々と比べると、日本はほとんどすべての若者が出払った状態にあり、若者をどう育てていくのかという問題の重大性ははるかに大きいのだ。

若者が失業しない社会をつくることができているのは誇って良いことである。ただ、この若年失業率の異質な低さは、少子高齢化が進む日本のなかで、若者への企業のニーズがこれまで以上に高まっていることを表している。そして同時に、若者をどう育て、どう経済社会を担う戦力にしていくかという問題の切迫感は、過去例がないほど高まっているのだ。

3割の退職者

また、若者の就職や労働について必ず議論になるのが「早期離職率」である。初職就業後3年以内の離職率を厚生労働省が毎年公表しており、世間ではこれを早期離職率と呼ぶ。この数字の推移を確認しておこう。

図3にリーマンショック以降を中心にここ15年ほどの大学卒の早期離職状況を示している。なお、記録が残る1987年卒以降現在までで最も高かったのは2004年卒の36・6%である。若者の退職者が増えているという感触を持っている方が多いと思うが、統計的にはリーマンショックで一度低下した早期離職率は、その後32%前後で安定した水準にあることがわかる。

この早期離職率についてはいくつかの特徴があり、そのひとつが景気後退局面で低下するというものだ。理由については様々な議論がある。簡単に整理すれば、景気が悪くなると転職市場も冷え込み自社で嵐が過ぎるのを待ちたいという気持ちが高まるし、就職活動で苦労した経験を持つ若者が増加するためにこうした傾向となるのだろう。図3からも、リーマンショックが起きた時期に入社3年目までの新入社員だった2007年卒～2009年卒にかけて離職率の急激な低下が見られ、また直近でも2018年卒は

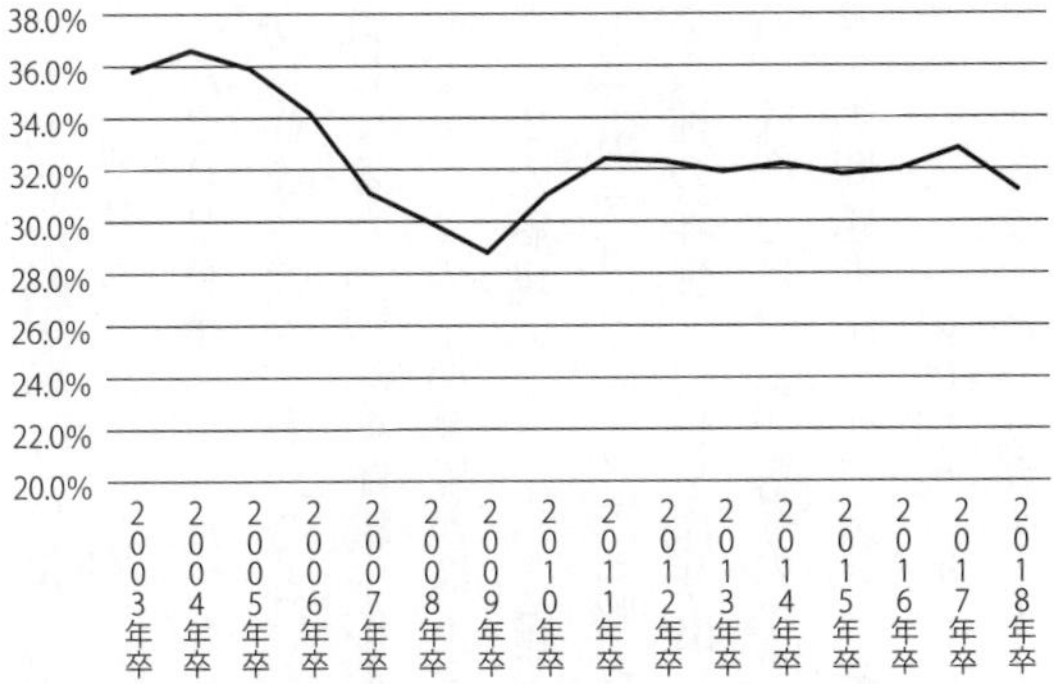

【図３】新規大学卒就職者の３年以内離職率（厚生労働省）

入社後２年目の終わりから３年目にかけてコロナショックの影響を受けており離職率の低下傾向が見られる。直近の低下傾向はコロナショック後に入職した世代が今後続くため、ある程度継続すると考えられるが、コロナショックの落ち込み幅は２０１７年卒の32・８％から２０１８年卒の31・２％と１・６％の低下に留《とど》まる。リーマンショックの２００６年卒（34・２％）から２００７年卒（31・１％）と比較すると半分程度の幅であり限定的であると考えられ、今後も３割強、つまり３人に１人の大学卒新卒社員が辞める状況には大きな変化はないだろう。

　なおリーマンショックと比較して、コロナショックは若年失業率がほとんど上昇しないという特徴も持っていた。リーマンショックでは２００９

年3月に若年失業率が11・3%[*1]を記録したあと9%台前後で推移し、2010年3月に再び11・9%という高い失業率を記録し、若年失業が問題化した（内定取り消し問題など）。他方で、コロナショック発生以降では4%台～5%台で推移しており、最も高かった2020年4−5月でも5・5%に留まっていた。この10年で若者人材の需要がいかに高まったか、わかるというものだ。こうした状況は若者が退職した後の受け皿を豊富にするため、早期離職率が大きく下降する可能性は低いだろうと考えられる。

さて、この早期離職が発生する原因については、これまで、新入社員が就職前に想像していた職場のイメージと現実のギャップによるものが存在すると考えられ、これを「リアリティショック」と呼んできた。就職活動で情報として得たことが若手のなかにある種の理想・幻想を作り出し、それらと現実との差分がショックを生み出す構図である。昨今では、「配属ガチャ」や「上司ガチャ」といった運に左右される就職後のキャリアの問題も語られており、そのショックを増幅させているようにも見える。この「ガチャ」というのは、玩具のガチャガチャのことであり、お金を入れても何が出てくるかはわからないというガチャガチャの性質が、新卒就職後における配属先発表や誰が上司になるのか、という問題と似ていることから若者言葉として流行した。大手企業においては特に、この就職後の「ガチャ」要素が大きいと考えられている。こうした要素が就職後の若手にリアリティショックを生み、ミスマッチに繋がり、早期離職に繋がっているとされてきた。

大手企業だけが上がっている

この早期離職率について興味深いことが起こっている。大手企業だけが上がっているという現象だ。図4の大手企業への入職者の早期離職率が、2009年卒から上昇傾向にある。2009年卒では20・5％であったが、2017年卒は26・5％まで上昇していた。2018年卒はコロナショックの影響を受け少々低下し24・7％であった（なお、直近2019年卒で再度25・3％と再度増加に転じた）。点線の全体の離職率の推移と比べると、リーマンショック後の2011年卒以降はほぼ変化がない。

また、過去2004年卒で記録している最高水準と比較してもわかりやすい。実線の大手企業のみが過去の最高水準とほぼ並ぶ一方で、全体では過去の最高水準と比べ4％ポイント程度も低い水準で安定している。

結果として、大手企業とそのほかの中堅・中小企業との間にあった早期離職率の差が

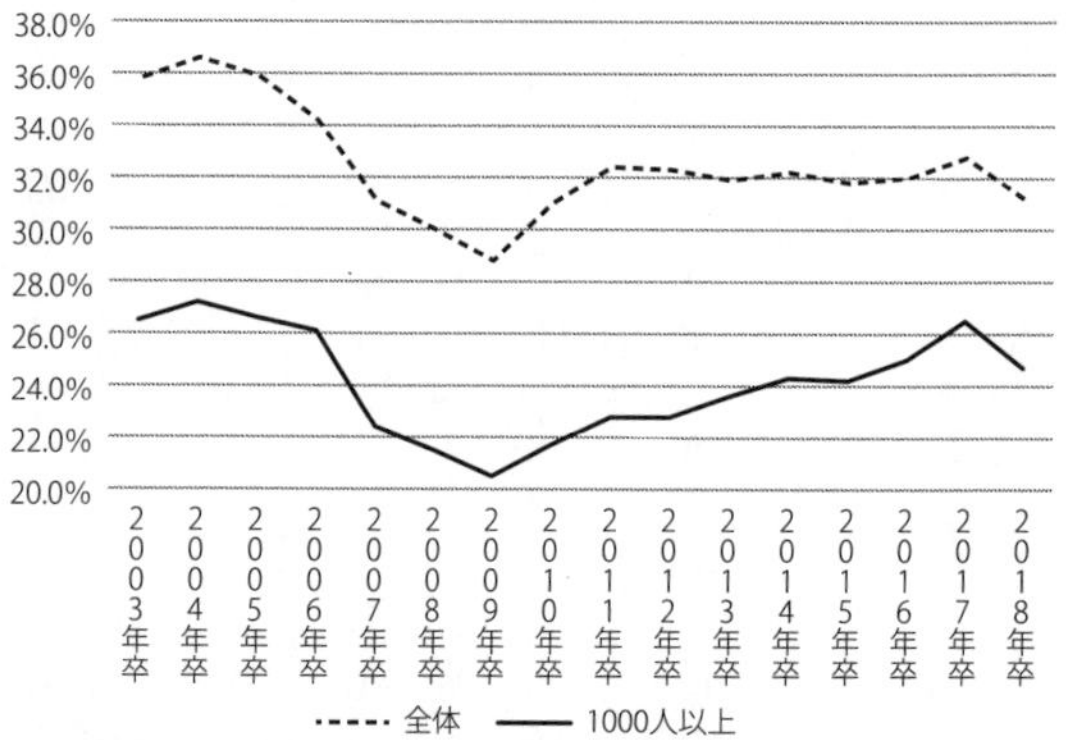

【図４】規模別　新規大学卒就職者の３年以内離職率（厚生労働省）

徐々に埋まりつつある。リーマンショック以降の10年間で差が縮まっているのだ。

元来大手企業では給与水準も高く、教育訓練機会も充実し、将来の倒産等のリスクも低いため、定着率が高かったはずである。しかし現在の状況は、こうした新卒定着における「大手企業の優位性」が消滅しつつあることを示唆している。

その背景には、人生１００年時代の到来といったキャリア形成の変化から、仕事に対する価値観の変容、いわゆるジョブ型雇用などの制度変革など、大小様々な要因があると論じられる。しかし、こうした議論からはひとつ非常に大きな視点が抜け落ちていまいか。それは大手企業が先んじて対応を迫られた、労働法改正に起因する職場運営ルールの変化である。

2　これだけ変わった日本の職場運営ルール

「職場運営法」改革

2010年代後半に日本の労働法令には様々な改正が行われた。この改正の結果として、2010年代前半までの日本の職場と2010年代後半以降の日本の職場には断絶がある。一連の労働法令改正の動きは、法令改正とそれを後押しした社会規範の変化が生み出されたことが背景にある、構造的な変化であったといえ、この断絶を引き起こした。なお、分析を進めるとこうした変化に合わせるかのように、2016年卒の入職者以降にそれ以前の入職者には見られない非常に興味深い傾向が見られるのだが、その解説については第三章で行う。まずここでは、ここ数年で実際に起こった職場側の変化を解説しよう。

2010年代後半に活発化した職場の運営に関わる法令、本書では「職場運営法」と呼ぶが、どういったものが改善されていったか。例えば、2015年から若者雇用促進法が施行された。これは、新卒者を募集する企業に幅広い情報提供を事実上義務付けた法律である。自社の残業時間平均や有給休暇取得日数、早期離職率などがその項目だ。2019年には働き方改革関連法により労働時間の上限規制が大企業を対象に施行された（中小企業は2020年から）。さらに2020年にはパワハラ防止法（改正労働施策総合推進法）が施行された（中小企業は2022年から）。こうした法制度はもちろん、日本の全ての企業・職場の労働環境に影響を与える。この動きを筆者は「職場運営法改革」と呼んでおり、企業のコンプライアンスや組織戦略などに与える影響の大きさはさることながら、多くの企業の各職場の運営面に多大な影響を与えた。もちろん、過去にも労働法令改正は多数行われてきたが、日本の全ての職場の日々のマネジメントや人事部の業務で留意すべきことに、短期間でこれほど大きな変化をもたらしたことはなかっただろう。

こうした一連の法改正の成功・不成功の評価は筆者の専門ではない。ここで注目する必要があるのは、職場での働き方、特に初めて社会人となった若者の働き方に大きな影響を与えたということだ。

すべてはブラック企業批判から始まった

事の発端は、インターネット空間発の言葉として2010年前後から若者たちの間で一般的に使われだした「ブラック企業」という概念にある。このブラック企業という言葉は、2013年には流行語大賞トップテンにもなった。ご存知の通り、過重な労働時間や劣悪な労働環境・労働条件のなかで若者を酷使する企業を指す言葉だ。

筆者は2011年に社会人となっており、就職活動をしている際にはこうした言説は常に頭にあった。「ブラックと言われているが興味がある企業なので、若手社員に土日の過ごし方を聞いてみよう」「どの程度ブラックなのか退職した人にも話を聞いてみよう」、こういった具合である。若手が働くうえで、その会社でどの程度持続的に働くことができるのかといった関心が高まったことには、入ってきた若手を無制限・無定量に働かせるような企業が、まだまだ大手も含め多数存在していたことが背景にあったと言えよう。しかし、ブラック企業批判の意識は高まり、単なる若者の就活用語から社会全体の問題となった。政府もこれを課題視し2015年には先述の若者雇用促進法が施行されたという経緯がある。

また、2010年代後半には、日本の大手企業において若手社員が過労死や過労自殺するという痛ましい事件が相次いで起きた。企業社会の弱者である若者を酷使するような企業を許すことはできない、日本社会全体でこうした意識が共有され、「働き方改革」が共通課題となった。この動きが2018年の大規模な労働法改正に至っている。

20世紀の日本の企業社会であれば、立場の弱い若者を使い倒すような企業の姿勢に起因する許されざる事件は看過されていたかもしれない。ただ、そうした企業や職場の存在は到底許容できるものではない。そして2010年代後半の日本で、社会規範は変わり、法律が改正された。こうした背景を持つ職場運営法改革は「不可逆な変化」である可能性が極めて高いと言えるし、今後もますます進展していくことが想定される。

若者が求める職場環境の条件

こうしたなか、若者（2022年卒）が求める職場環境の条件の上位3つは、

第一位　相互の思いやりとあたたかさ（58・8％）

第二位　オープンなコミュニケーション（48・6％）

第三位　強い連帯感とチームワーク（46・2％）

となっている。[*2] 当該調査によると、この第一位から第三位までの項目を選択する割合

が高まっている一方で、「理想に向かう情熱と意欲（8・1%）」や「変革と新たな価値の創造（11・3%）」は低くなる傾向にあるとしている。

上位に入っている条件からは、近年の若者が就職にあたって協調的で厳しさと無縁そうな職場の風土を望む傾向が強まっているようだ。こうした傾向はもちろん平均値に過ぎず、近年急激に多様化する若者たちの一面を切り取ったに過ぎないが、職場環境が変わりゆくなかでそれとシンクロするような傾向を示していることは興味深いと言えよう。なお、この多様化する若者の現状については定量調査のデータを用いて第三章で検証する。

日本の職場を変えた3本の法律

職場運営法改革に至る流れと若者の傾向を概観したが、ここで前提となる知識として、職場運営法令について具体的にどういった点が変わったのかを押さえておこう。

①若者雇用促進法

正式名称が「青少年の雇用の促進等に関する法律」であるこの法律は、2015年に公布され同年から順次施行が開始された。主な内容は以下の3点である。①職場情報の積極的な提供、②一定の労働法令違反のあった事業所のハローワークにおける求人不受理、③若者の雇用管理が優良な中小企業を認定するユースエール認定制度、である。3つとも若者の労働環境を向上させる目的で施行されるものだが、このうち①職場情報の積極的な提供は若者の雇用環境に特に重要な影響を与えた。その提供内容は、例を挙げると新卒者の早期離職状況、平均勤続年数、人材育成に関する情報（研修やメンター制度の有無等）、前年度の月平均所定外労働時間（残業時間）や有給休暇取得日数、育児休業取得者の男女別人数、役員や管理職に占める性別割合といったものであった。開示自体は努力義務であり、求人応募者から求めがあれば個別に開示する必要があるというものだが、折しも労働市場がリーマンショックから完全に回復し若手人材の獲得競争が激化する時期と重なっていた。そのため、採用力を高めたい企業の思惑が合致し大手企業を中心に多くの企業が開示を始めたのである。

この突然始まった情報開示の恩恵をここ5年ほどの新卒社員は受けている。とある大学生がこう言っていた。「平均残業時間が月30時間を超えていると応募する優先順位が下がりますね」。またこうも言っていた。「残業時間や育休取得率がわからないのにどう

情報提供項目	
募集・採用に関する状況	過去3年間の新卒採用者数・離職者数
	過去3年間の新卒採用者数の男女別人数
	平均勤続年数
	研修の有無及び内容
職業能力の開発・向上に関する状況	自己啓発支援の有無及び内容 ※教育訓練休暇制度・教育訓練短時間勤務制度がある場合はその情報を含む。
	メンター制度の有無
	キャリアコンサルティング制度の有無及び内容 ※セルフ・キャリアドック（定期的にキャリアコンサルティングを受ける機会を設定する仕組み）がある場合はその情報を含む。
	社内検定等の制度の有無及び内容
企業における職場定着に関する状況	前年度の月平均所定外労働時間の実績
	前年度の有給休暇の平均取得日数
	前年度の育児休業取得対象者数・取得者数（男女別）
	役員に占める女性の割合及び管理的地位にある者に占める女性の割合

【図5】若者雇用促進法による企業からの情報提供項目（厚生労働省リーフレットより）

やって就職する会社を選んでいたんですか？」。以前よりも定量的な就職活動ができるようになっている彼らからすれば、２０１５年以前の就職活動が得体の知れない不思議なものに思えるのは当然のことかもしれない。

同時に採用企業側は、職場の雰囲気や社員の士気といった数字にできないもの以上に、定量的な労働環境改善の成果を求めるようになった。その数字を学生が注視しているためである。こうして職場環境が定量化されて外に出されるようになったことで企業側に環境改善への誘因が生まれたことが、職場運営ルールが大きく変わる第一歩となった。

②働き方改革関連法

２０１８年1月の施政方針演説で時の内閣総理大臣安倍晋三は働き方改革について、「戦後の労働基準法制定以来、70年ぶりの大改革」であると強調した。70年ぶりかどうかは置いておくとしても、日本の労働法令を広範に改正する内容であり、その職場への影響は極めて大きかった。

内容は多岐にわたるが、大きく労働時間法制の見直しと、雇用形態に関わらない公正な待遇の確保の2点に分けられる。このうちの労働時間法制の見直しについては、時間外労働時間（残業時間）の上限規制が設けられたことが重大である。従来の労働法令においては（36協定の特別条項を付すことで）極端にいえば月１００時間以上の時間外労働時間を設定することも可能だった。法のもとに月１００時間以上の残業を行わせることができたのである。つまり労働時間は青天井であった。[*3] しかし、上限規制が施行された２０１９年4月以降の大企業[*4]では、どんな事情があっても月１００時間未満（年間では７２０時間以内）で時間外労働時間を設定し、これを遵守する必要が生じたのだ。この規制には罰則もあり、企業側に直接のアクションを求めることとなった。長時間労働が常態化していた企業において、そもそもの時間外労働時間の削減の取組を行わざるをえなくなったのである。

残業時間の上限規制に加えて、1人1年あたり5日間の有給休暇の取得を企業に義務付け、産業医機能の強化なども義務付けられた。これらは法令による企業への規制であり、企業は否応なしに労働環境を改善に向けた行動をとることとなったのである。

この職場への影響が甚大であったことは言うまでもない。企業によっては、残業時間の長い部署を特定しその部署の管理職に対して人事部が直接指導を行ったり、評価を下げたりすることもあった。まだ数年前の話であり、帰宅できる時間や有給休暇取得に対する上司・同僚の空気感の変化などを実感したことを記憶している読者も多いのではないだろうか。政府も法改正だけでなく、「過重労働撲滅特別対策班」（通称：過特）による対応を強化したり、「プレミアムフライデー」としてキャンペーンを張るなど、長時間労働改善の動きを後押ししていた。

③パワーハラスメント防止法

情報開示、労働時間上限規制に加えて職場運営法改革「第三の矢」として飛んできたのが、大企業で2020年6月に施行されたパワハラ防止法である。[*5] 1990年代後半以降の法令改正によって、男女雇用機会均等法においてセクシュアルハラスメントが、育児・介護休業法において妊娠・出産等におけるマタニティハラスメント（パタニティハラスメント）を禁止する旨の規定が存在していたが、これに加えてパワーハラスメントについても新たに法律で禁止が明文化されることになった。より一体的なハラスメント防止が企業において義務付けられたことになる。

パワハラ防止法においては、職場に加えて事実上業務の延長とみなされる飲み会の場なども規制の対象となり、「優越的な関係を背景」にした、「業務上必要かつ相当な範囲を超えた言動」で、「就業環境を害すること」がパワハラとして規定された（パワハラの3要件）。当然ながら、この「優越的な関係」には主として職務上の地位が上位の者による下位の者への言動、すなわち上司・先輩から部下へのものが想定されている。また、業務でミスをした指導として業務と関係のない雑用をさせることなどが「業務上必要かつ相当な範囲を超えた言動」とされた。単なる暴言や見せしめなどもNGだが、もちろん業務上必要な叱責や指導は許容され、パワハラと業務上の指導の線引きが難しいという新たな問題を生み出すこととなった。

このパワハラには厚生労働省によって代表的6区分が示されており、①身体的な攻撃、②精神的な攻撃、③人間関係からの切り離し、④過大な要求、⑤過少な要求、⑥個の侵害となっている。このうち、①身体的な攻撃なんて処罰されて当たり前ではないかと若手社会人は思っているだろうが、「灰皿を投げつけられる」といった場面が一時までの日本の職場には現実に存在したのである。灰皿はさすがに……というミドル層の読者諸氏にも上司・先輩に書類や筆記具、靴などを投げつけられた経験がある方がいるのではないだろうか。

いずれにせよ、職場におけるこうした行為はパワハラ防止法により2020年以降違法となった。企業には法令により、相談体制整備やパワハラ行為者への迅速な処罰、再発防止策実施などの対応が義務付けられた。この一環でハラスメント防止研修を管理職に受講させる企業も多い。結果として、職場における上司・先輩から部下へのコミュニケーションの枠組みは大きく変わったのである。

ほかにもある職場運営法改革

近年の職場に大きな影響を与えた労働法令改正を取り上げたが、この動きはさらに加速していくだろう。例えば、2022年から施行される改正育児介護休業法がある。育児休業取得率の公表が義務付けられた（従業員数1000名以上の大手企業対象）ほか、育児休業を取得しやすい環境の整備のために研修や相談窓口整備が義務付けられた。また、産後パパ育休（男性版産休制度）や育休取得の意向確認も導入される。この施策自体はすべての若者に対して直接的に影響をあたえる法改正ではないが、職場の運営という面では柔軟な働き方を尊重し促すという点で先述のような職場運営法改革の流れに位置付けられるものと言えよう。

日本社会は今後本格的な若者人口の減少の局面を迎える。2008年に120万人台に突入した18歳人口は15年近く120万人前後で推移しており、2020年も117万人であった。しかし2030年代前半には100万人を割ると推定されている。こうした社会の趨勢《すうせい》を考えれば、ひとりひとりの人材、特に若者を大切に尊重していこうという動きは前進することさえあれ、後退することはないだろう。

後押しするマーケット

また、「人的資本経営」が提唱されるなか、社員を重要なステークホルダーと考える企業も増えている。労働環境に関する株式市場への情報開示が人的資本経営政策の文脈で議論されており、近々開示が義務付けられる可能性が高く、環境改善への企業努力は一層加速するだろう。ＩＳＯ３０４１４といった人的資本開示に関する国際認証を取得する日本企業も出ており、この動きを後押しする。

また、各種ステークホルダーに関わる社会性の高い企業の取組を投資判断につなげようとする動き（ＥＳＧ投資）もかねてより活発化しており、人権問題にも繫がる過重労働やハラスメントなど、かつてのような厳しい労働環境が許容される余地は、市場的にも乏しい。こうした大きな潮流までふまえると、やはり日本の職場環境はもう２０１５年以前のような状態に戻ることはないと断言せざるをえない。若者を使いつぶす企業は許されないという社会規範の変化がまずは法律を変えたが、マーケットの変化と合わさって、この動きを「不可逆なもの」にしたのである。

「ゆるい職場」の登場

職場環境改善の動き自体は素晴らしいことであり、日本で働く社会人のキャリア選択を柔軟にし、多様な人材の活躍に寄与するものである。多くの社会人がその思いは共有できているだろう。この前提に立ったうえで、ここからが本題である。

筆者は2021年の年末にかけて、20社程度様々な業種の大手企業の新入社員に仕事についてのインタビューを実施した。驚くべきことに彼ら・彼女らの多くが語ったのは、「正直言って、余力があります」「ゆるい。社会人ってこんなものなんですね」「学生時代に近くて肩透かしです」といった〝持て余し感〟であった。入社1年目で半年以上たった頃と言えば、研修も終わり配属先で慣れない社会人生活が続き、ストレス実感の高い辛い時期ではないかと想定されていただけに、この反応には驚いた。また、普段の仕事について聞いたときに、上司の話がほとんど語られなかったことも気になった。あえて上司について聞くと「叱られたことは本当に一度もないです」「理不尽なことを言われたことはありません」といったコメントが〝ほとんど全員〟から返ってきたのである。

本章冒頭で触れたが、これまでの一般的な考えとしては、新入社員においては就職前に想像していた職場のイメージと現実のギャップから、リアリティショックが起こるとされていたが、リアリティショックのもとになるギャップ自体がそれほど存在していないような語り口である。

負荷は高くないし理不尽さもない。叱られないし居心地が良い。こうした状況を一言で、「ゆるい職場」と呼ぶことにしよう。

「ゆるい職場」は、企業におけるコンプライアンス対応やコミュニケーションスタイルの変化によって日本の職場に現れた新しい形態であり、一律に善悪で結論を付けるべきではない。ただ、この状態をシンプルに「職場環境が良くなったから新入社員が生き生きと仕事をするようになった。良いことじゃないか」とは片付けられないだろうことは、管理職も人事部門も、そして若者当事者たちも、気づいているのではないだろうか。

何はともあれ、まずは職場環境の急激な変化が生んだ変化のリアルをデータで見てみよう。

[注]

1　総務省、労働力調査、原数値

2　リクルートマネジメントソリューションズ「大学生の就職活動調査２０２１」働くうえで

重視したい社風設問。なお同調査は同一質問を毎年実施しており、上位の項目は近年増加傾向にあることもわかる。

3　判例や労災認定による「過労死水準」は存在していた。

4　中小企業は2020年4月施行

5　正式名称は改正労働施策総合推進法。中小企業は2022年6月施行。

第二章　若者はなぜ会社を辞めるのか

職場環境の変化を見るにあたり、多くの企業が悩んでいるシンプルな疑問を確認しておこう。若者はなぜ会社を辞めるのか、である。

この疑問については、これまで「仕事がきつくて辞めていく」と理解されてきた。他方、近年の特に大手企業における職場環境の改善は本章でデータをお見せする通り明らかであり、それをふまえた場合に大手企業での早期離職率が低下しなかったことが理解できない。現代日本で進んできたこの〝矛盾〟について、本書はひとつの発見を提示する。それは「仕事がきつくて辞めたい」と思っている若者と並んで、「仕事がゆるくて辞めたい」と思っている若者が多数存在していることだ。

本当にそんなことが起こっているのか、と率直に驚きの感想を持つ方もいるだろう。はたまたまわりの声から、共通する実感がある方もいるだろう。この「仕事がゆるくて辞める」という若者の実態を、調査の結果を紐解《ひもと》きながら解説していく。

1　グレートリセットされた日本の職場

不可逆的な変化

世界経済フォーラムが主催するダボス会議。コロナショックの影響もあり通常と異なり夏に開催された２０２１年の全体テーマは「Great Reset」であった。時計の針は戻すことはできても前の世界には戻ることができない、巨大なリセットボタンが押されてしまってもう前の世界には戻ることができない、そんな意味を持つキーワードである。経済環境、国際政治、衛生観念、様々なものごとが以前の世界には戻らないと言われているが、第一章で見た日本の職場で起こったことも同様の性質を有すると言える。以前の日本の職場環境とは異質な状況が顕在化し、またその変化が不可逆であるとするならば、まさにグレートリセットが日本の職場において起こり、その影響が入職から日が浅い若手社会人に出始めている、と現状を理解することができよう。

さらに、コロナショックにより、初任研修がオンラインとなったり、配属されても週に何日かはリモートワークとなったりする企業もある。リモートワークの功罪については諸説あり、また企業により導入状況は様々でありここでは深入りしないが、コミュニケーションスタイルが変わったことは間違いない。例えば、同時に職場にいる時間が限定されるために、口頭でのコミュニケーションから文字（メールやチャットツール等）でのコミュニケーションがメインになった職場も多いのではないだろうか。こうしたコミュニケーションスタイルの変化も後押しし、日本の職場における上司・部下の関係性や人材育成メソッドはグレートリセットされた。

こうした結果、若手を取り巻く職場に起こった変化を見ていこう。

新卒社員の労働時間

調査は、大手企業（1000人以上規模）の大卒・大学院卒の入社から1〜3年目、新卒正規社員を対象に行われた、リクルートワークス研究所「大手企業新入社会人の就労状況定量調査」を用いて分析する。この調査は、仕事の実態、成長観、職場環境を把握する目的で2021年11月に実施された。サンプルサイズは2680である。2019−2021年卒の就業年数3年未満の就業者をメイン対象としているが、比較群として2016−2018年卒（働き方改革世代）、2010−2014年卒（リーマンショ

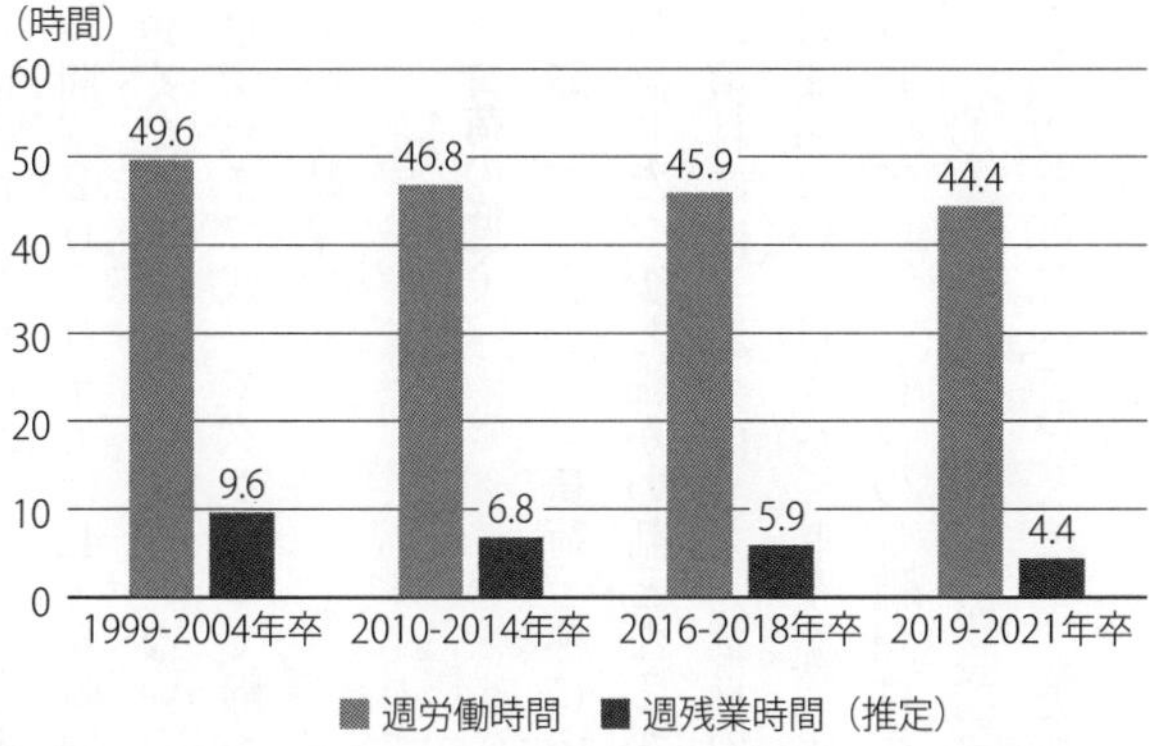

※性別ウェイトを用い男女比が正規社員の人口動態と合致するよう集計した。入職時の就労状況を比較する観点から、各対象について初職１年目の状況につき聴取している。（回顧法による調査には当然限界があるが、研究上の必要性から、基準の明確化など設問設計に配慮の上実施している）

【図１】新入社員期（入職１年目）の週労働時間

ック世代）、１９９９－２００４年卒（就職氷河期世代）を同様の条件で集計した。

まず労働時間を見ていこう。入社年を追うごとに減少傾向が存在している。週49・６時間から週44・４時間へと減少しており、仮に１日あたり８時間が規定内労働時間とすれば、残業時間は週９・６時間から週４・４時間へと半減以下の水準となっていた。

なお、この労働時間については他の調査においても同様の結果が見られていた。リクルートワークス研究所が毎年約５万人を対象に実施している全国就業実態パネル調査を用いると、２０１５年の大手企業の新入社員における週総労働時間は44・5時間だったところ、2019年に43・5時間、2020年では42・4時間と漸減していることが確認できる。徐々に労働時間が短くなっているのは間違いないだろう。「自分が若い頃は月100時間は残業した」「毎日深夜まで残ってタクシーで帰った」といった記憶を持つ世代からすれば、やっぱりな、という結果であろう。

負荷の低下

続いて、労働の「負荷」感について整理した。ここでは「負荷」を3種類に分類して検証した。少し細かい話となるが、ここでは各項目を頻度についての尺度とし、最頻値の項目には「あてはまる（毎日のように感じた）」、もっとも頻度が低い項目には「あてはまらない（ほとんど感じなかった）」という注釈を付けて具体的に想起し回答できるようにしている。負荷の3種類は次の通りである。

①量負荷：「労働時間が長いと感じる」「仕事の量が多いと感じる」

②質負荷：「自分が行う業務が難しいと感じる」「新しく覚えることが多いと感じる」

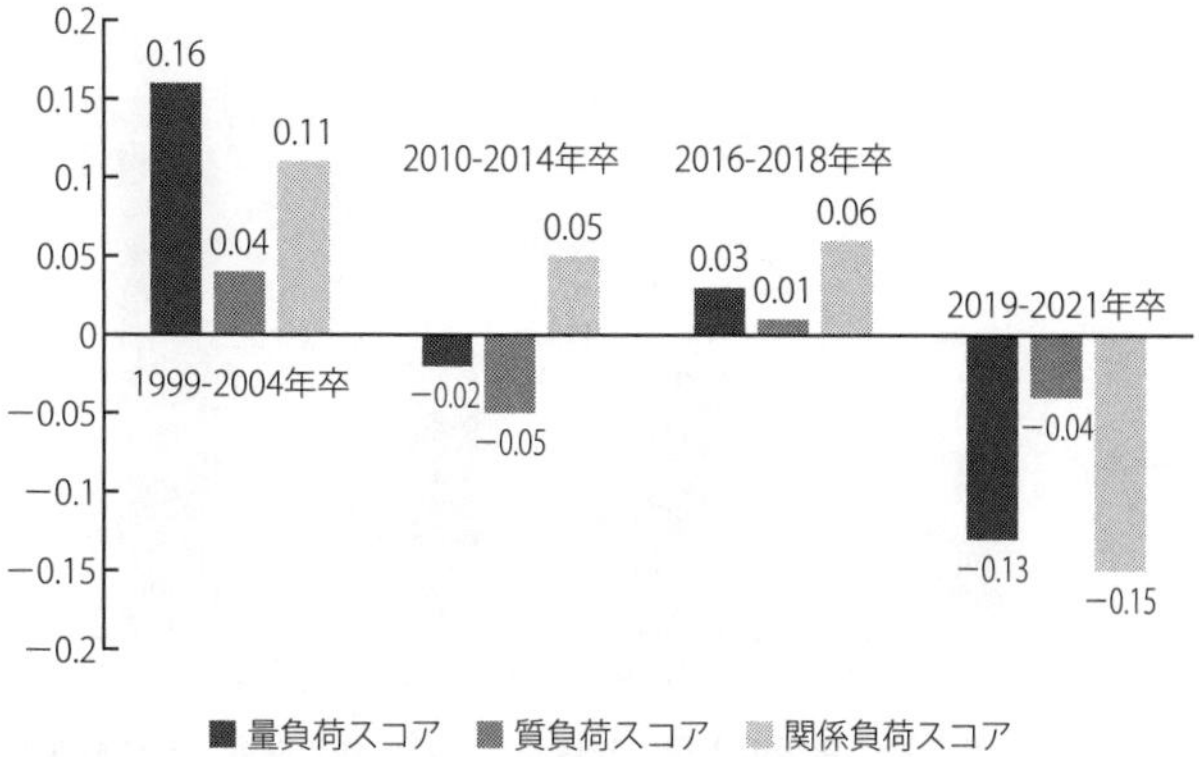

※質問項目について最尤法、バリマックス回転による因子分析により抽出した3因子のスコアを表示。因子負荷量が高かったのは各因子について想定した質問項目の通りであった。

【図2】新入社員期（初職1年目）の仕事負荷感の世代比較

③関係負荷：「人間関係によるストレスを感じる」「上司・先輩の指導が厳しいと感じる」「理不尽なことが多いと感じる」

図2では、この3種類全ての負荷が入社年を追うごとに低下している緩やかな傾向が見られるが、なかでも量負荷や関係負荷の減少幅が大きく、質負荷も微減していることがわかる。

叱責されたことがない

また、職場におけるコミュニケーションスタイル変化の一事例として、「叱責」された機会について整理した。25・2％の新入社員が一度も「叱責」された

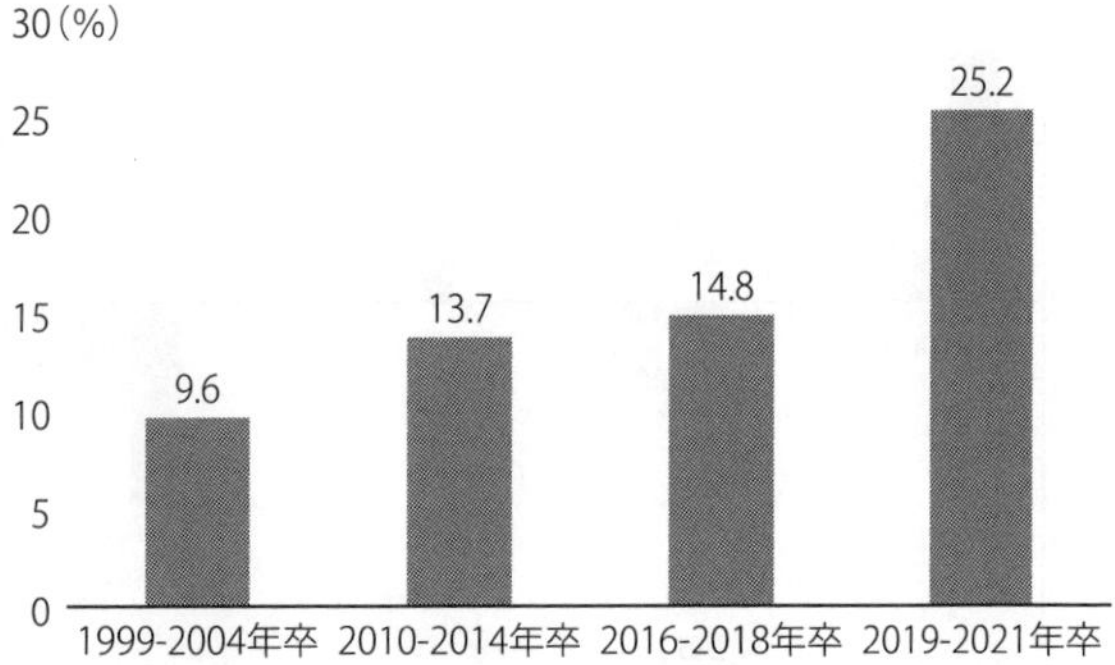

【図3】新入社員期に職場の上司・先輩から叱責される機会（一度もなかった割合）

ことがないと回答している。この割合は入社年を追うごとに上昇する傾向が見られる。

これも一定の年代以前に入社された方からすると、衝撃的な結果ではないだろうか。一時期までの日本の職場においては日常的に、しかも他の同僚の前で若手を叱責する光景が見られていた。仕事の進捗について怒声を浴びながらダメ出しされたり、全然詰まってないじゃないかと言われながら会議資料を確認してもらったりした記憶がある方は多いのではないだろうか。筆者も、社会人1年目に上司から何度も何度も叱責され、その果てに「叱るのもエネルギーがいるんだから、叱られないように努力してくれ、頼むよ」とまで言われた瞬間をいまだにありありと思い出すことができる。

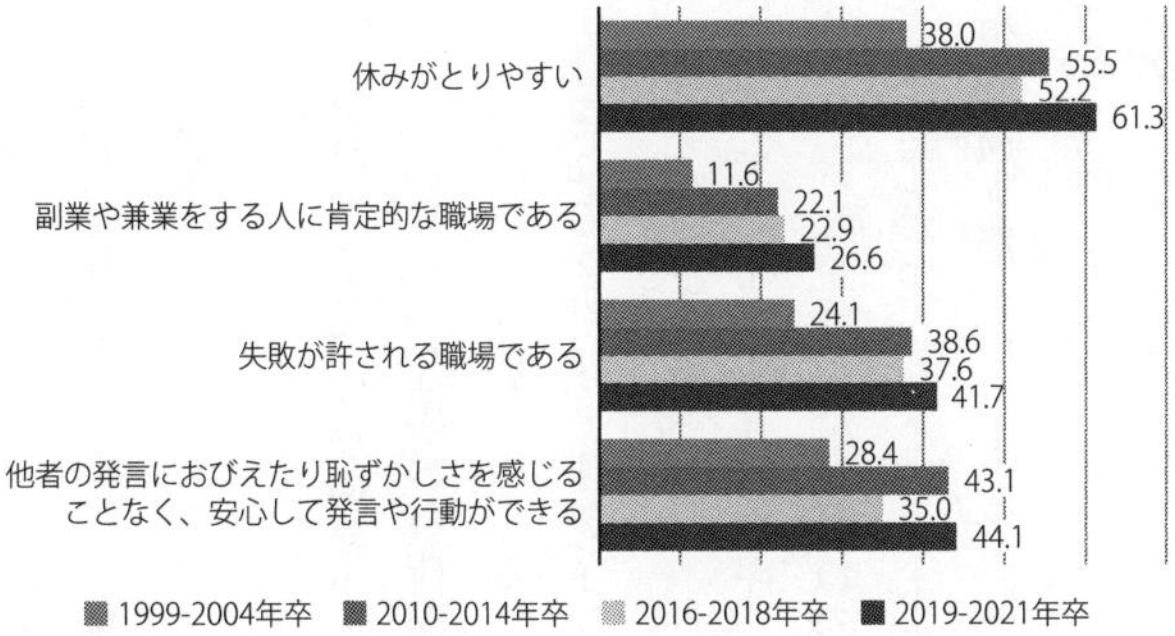

※各項目について「あてはまる」〜「あてはまらない」の５件法で聴取し、上位２項目（「あてはまる」「どちらかというとあてはまる」）の合計

【図４】新入社員期の職場の状態

一方で、現代の大手企業の新入社員に話を聞くと「叱られた記憶がない、親戚の子どものように扱われている」といったような回答を多数聞くことができることは述べてきた通りである。

職場環境の好転

また、職場環境への認識も好転している。職場の状態への認識を整理すると、全ての項目において「あてはまる」が増えており、職場に対してポジティブな認識へ転換していることがわかるだろう。例えば、「休みがとりやすい」に対して「あてはまる」と回答した割合は38・0％（1999－2004年卒）から61・3％（2019－2021年卒）へと大きく向上している。また、「失敗が許される職場である」についても、同様に24・1%から41・7%へと向上している（図4）。休みはとりやすいし、失敗も許され安心して発言ができる、こうしたポジティブな職場認識をする者が増加しているのだ。

リアリティショックの縮小

このように、仕事の負荷が低く柔軟な働き方が認められ、職場の風通しも良いと認識している新入社員が増えるなかで、これまで若年者の入職の際の大きなポイントとして注目されてきたリアリティショックが薄れている可能性がある。

図5で、入社前後のギャップ、「リアリティショック」が起こるとされてきた各項目について、ネガティブなギャップがあった（入社前に想像していたより悪かった）と回答した割合を整理した。概《おおむ》ねの項目において、入社年を追うごとに「入社前に想像していたより悪かった」というネガティブなギャップがあった割合が低下しており、つまり「想像通りだった」あるいは「想像より良かった」という回答者が多くなっていることがわかる。例えば、「仕事の達成感」については37・4%（1999－2004年卒）から28・1%（2019－2021年卒）へと縮減している。

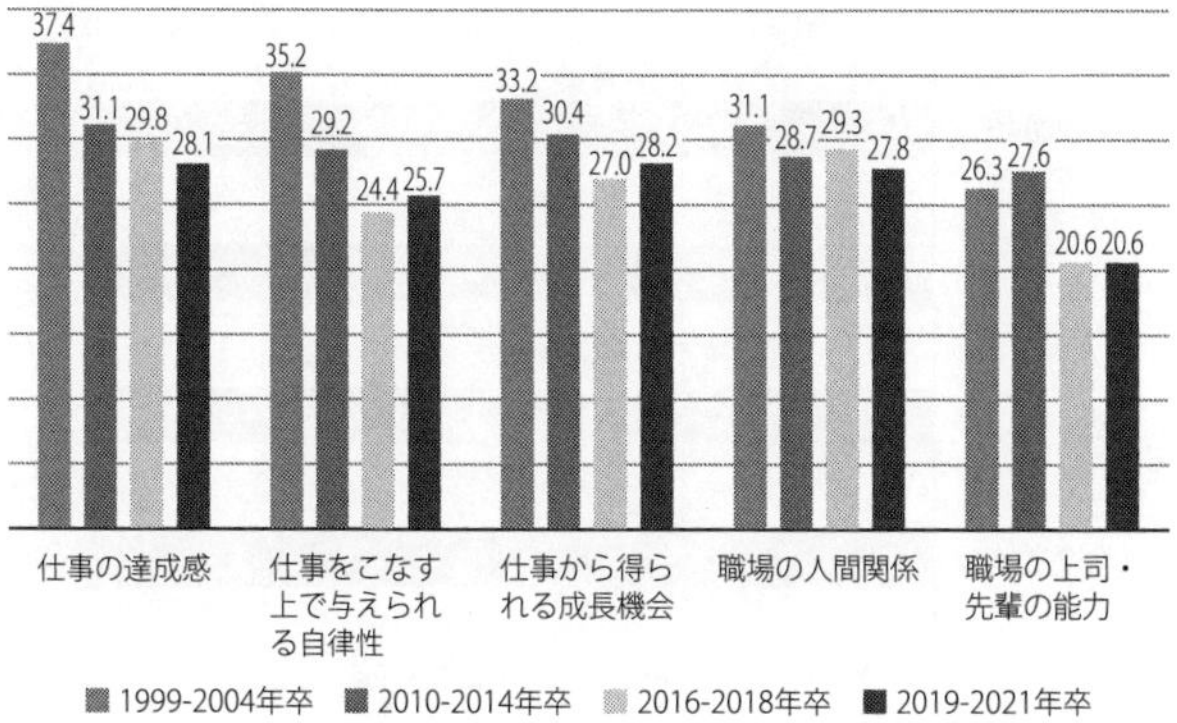

※各項目について「かなりポジティブ（期待やイメージよりもよく感じた）」「ややポジティブ」「イメージ通りだった」「ややネガティブ」「かなりネガティブ（期待やイメージよりも悪く感じた）」で聴取し、「ややネガティブ」「かなりネガティブ（期待やイメージよりも悪く感じた）」と回答した割合（合計）

【図5】入社時にネガティブなギャップがあった人の割合

入社前イメージとの（悪い）ギャップがリアリティショックを生んできたが、ここまで述べてきたような職場環境の変化によってリアリティショック自体は大きな問題ではなくなっている可能性が示唆されている。

「入社前は風通しがよくみえたが、入社してみたら上下関係が予想以上に厳しかった」「俺たちは金じゃなく社会のために仕事をしているんだ、と就活で聞いて入社したらノルマに追われる日々で達成感が全くない」……こうした形で、新社会人に対するある種の〝通過儀礼〟として入社後に誰もが感じていたネガティブなギャップに遭遇する確率が徐々に低下

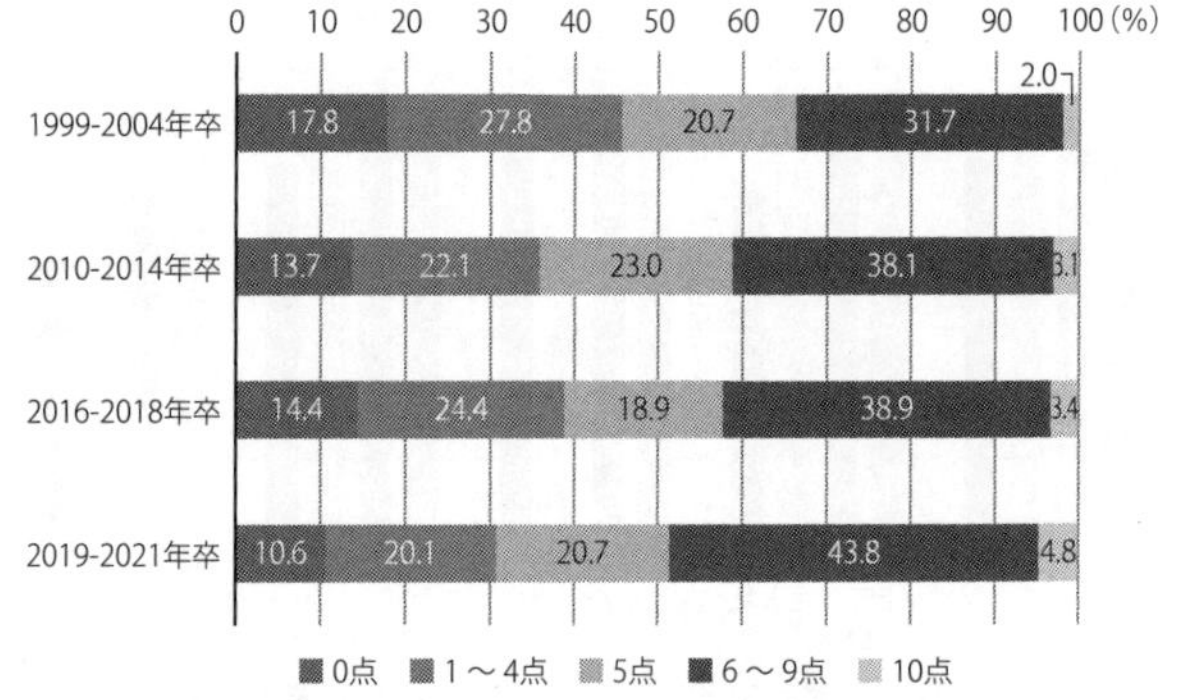

※「あなたは就職して１年目当時、その時に働いていた会社・組織に就職・転職することを、親しい友人や家族にどの程度すすめたいと思いましたか」質問への回答

【図６】初職企業の評価点（０～10点の評価）

しているのだ。

その結果として起こるべきことが起こっている。リアリティショックが薄まることで、職場への評価が向上しているのである。図６に学校卒業後に最初に入った会社への評価点（10点満点）の状況を記載した。入社年を追うごとに評価が肯定的になっている傾向が明らかである。２０１９―２０２１年卒では10点をつけた回答者が４・８％、６~９点をつけた回答者が43・８％と、合わせると６点以上が48・６％と半数近くに上っている。これは他の年代より高く、例えば６点以上の割合は２０１０―２０１４年卒で合わせて41・２％、１９９９―２００４年卒では33・７％

であった。10点満点中6点が合格点とするのであれば、最初の会社に対して現在のおよそ半数の新入社員は合格点をつけていることになる。いまの新入社員は会社のことが好きになっているのだ。

2　好きなのになぜ辞めるのか

高まる若者の不安

職場環境もよくなり、リアリティショックもなくなり、会社のことが好き。ここまで終わっていればハッピーエンドであるが、そう簡単に片付けられないことはおわかりかと思う。会社と若者の関係は、職場がゆるくなってハッピーエンドをむかえるはずなのに、現状退職率が低下していなかったり、若者が職場で活躍できていなかったりする現実について、そのひとつの理由を示す興味深いデータがある。若者の不安が高まっているのだ。

リアリティショックなく入職し初職への評価も高まるなか、自らの今置かれた状況への認識はどうなっているか検証した。実は、ストレス実感は減少しておらず、むしろ高

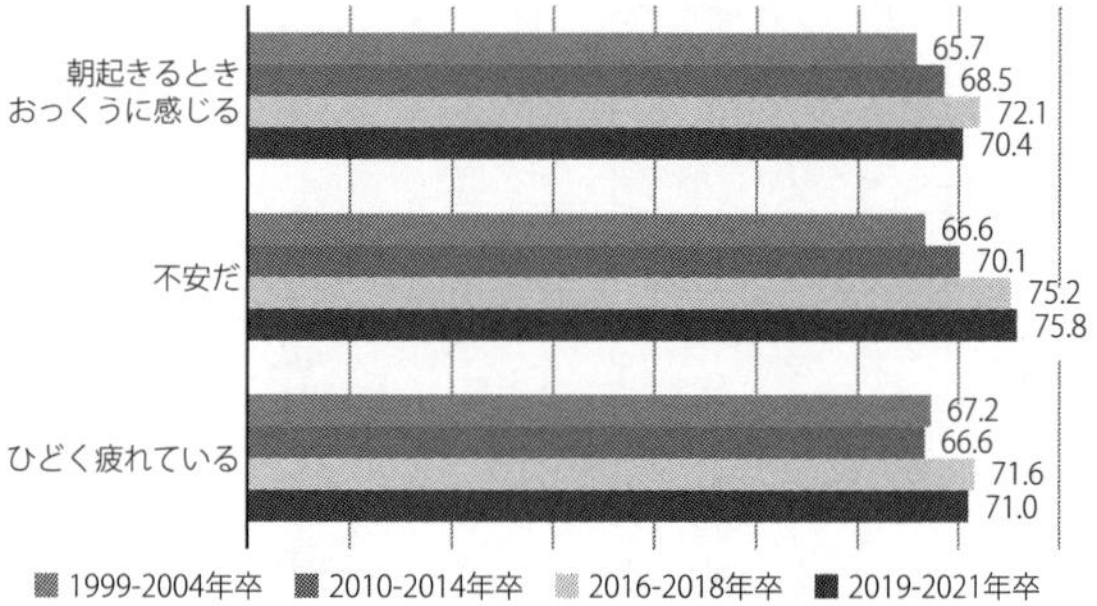

※各項目について、「あてはまる」〜「あてはまらない」の４項目で聴取し、「あてはまる」「どちらかというとあてはまる」を選択した回答者の割合

【図７】新入社員期のストレス実感

止まりの傾向が見られる。例えば、「不安だ」とする回答者は２０１９－２０２１年卒では75・８％に上っており、これは２０１６－２０１８年卒と並んで高く、他の世代と比較し決して減少しておらずむしろ割合が上昇していることがわかる。他の項目においても２０１６年卒以降の若手の回答者で「朝起きるときおっくうに感じる」「ひどく疲れている」というストレス実感が高い、という同様の傾向が見られる（図７）。

転職できなくなるんじゃないか

この「不安」という要素について、現在の新入社員にさらに掘り下げた質問をした。職業生活について、回答者自身の認識を3項目で聞いた結果を示した。例えば、「自分は別の会社や部署で通

	2019-2021年卒
このまま所属する会社の仕事をしていても成長できないと感じる	35.0%
自分は別の会社や部署で通用しなくなるのではないかと感じる	48.9%
学生時代の友人・知人と比べて、差をつけられているように感じる	38.6%

【図８】現在の職業生活における状況（「そう思う」割合）

用しなくなるのではないかと感じる」という質問に対して「そう思う」と回答した者の割合は、現在の新入社員のほぼ半数、48・9％に及んだ（図８）。

実際に大手企業の新入社員へのインタビューにおいても、「すごく成長に時間がかかるなあと、会社の時間の流れがゆっくりしていると感じる」「社外で通用しなくなるのでは、と思っていた。マニアックな業界でもありその部署でキャリアが終わる人が多かった。部署全体で仲は良いので、正直居心地は良く、人間関係では全く困らなかったが、本音ではこのままではまずいと感じている」といった声が聞かれていた。

こうしたキャリアへの焦燥感や根源的な不安は、仕事の負荷の低下や職場環境の改善によっては消失しておらず、むしろ強まっているようにすら感じられる。

「この職場にいると転職できなくなるのではないか」

「自分の会社でしか生きられない人間になってしまう」

「同年代と比較して活躍できるようになるイメージがわかない」

「会社の仕事を続けていると、キャリアの選択肢が狭まるように感じる」

こうした声は、いくら労働時間を削減し職場環境を改善してもなくなることはない声なのである。

3 若者の「不安」の正体

なぜ職場環境が良くなっているのに不安なのか

ここまで、大手企業の新入社員を取り巻く職場環境が変化している可能性について、調査結果から整理した。この結果として明らかになったのは若者たちの認識上、現在の職場環境については「比較的負荷が低く、職場環境もサポーティブで、想像を悪い方向へ裏切られることも少なく、会社のことは以前の新入社員より好き」であるという相対的傾向が見られる。こうした結果は、なぜ新入社員の36・4％が「ゆるい」と感じているのかという疑問に対して、その理由を饒舌《じょうぜつ》に述べその実像を明らかにしている。

加えて判明したのは、大手企業の新入社員の多くが同時に「ストレス実感は決して低

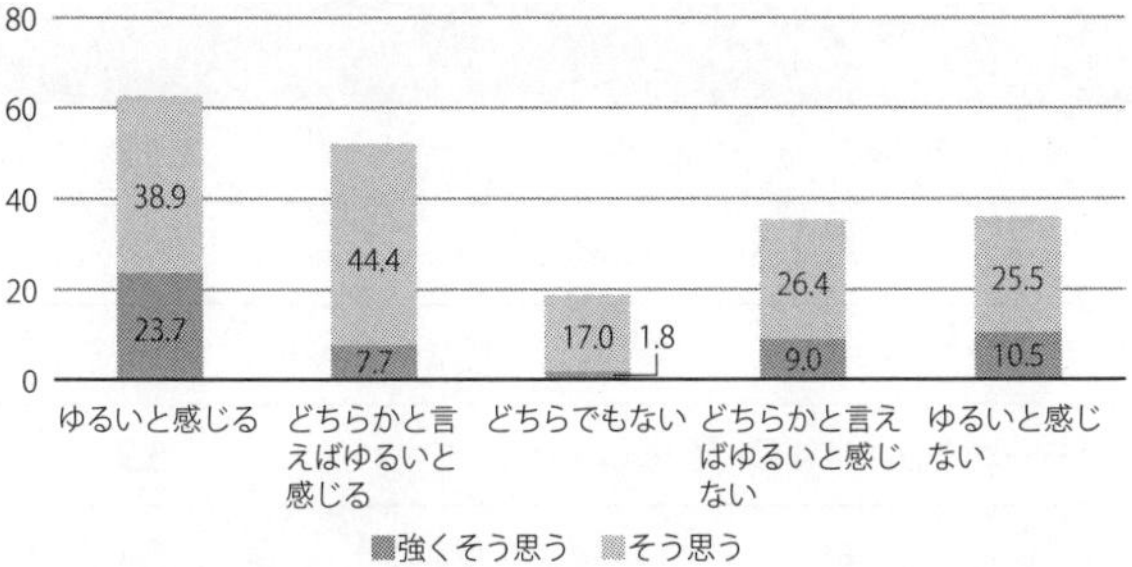

※「このまま所属する会社の仕事をしていても成長できないと感じる」に対して、「強くそう思う」～「全くそう思わない」の５件法で聞いた回答。（%）
※リクルートワークス研究所「大手企業における若手育成状況調査」(2022年)。本章これ以降の図表は当該調査による。

【図９】「このまま所属する会社の仕事をしていても成長できないと感じる」割合（職場の「ゆるさ感」別）

くなく、自分は別の会社や部署では通用しなくなるのでは、などの〝不安〟を抱えている」ことだった。

「ゆるい」のに「不安」、という状況が矛盾しているように感じられるだろう。しかし、職場を「ゆるい」と感じている大手企業の新入社員の方が自身のキャリアの不安を感じているという明確な関係も発見されているのだ。

職場の「ゆるさ」が生んでいる不安の代表例としてひとつの集計を掲示したい（図９）。「このまま所属する会社の仕事をしていても成長できないと感じる」という項目に「強くそう思う」「そう思う」と回答した者の合計は、職場を「ゆるいと感じる」と回答した新入社員が非常に高い結果となり、合わせて

	評価点
ゆるいと感じる	6.3
どちらかと言えばゆるいと感じる	6.2
どちらでもない	5.8
どちらかと言えばゆるいと感じない	5.9
ゆるいと感じない	5.4

【図10】職場の「ゆるさ感」別所属企業の評価点（10点満点）

62・6％に達している。特に、「強くそう思う」についでは23・7％であり、圧倒的に高い割合である。このように、職場のゆるさは新入社員のキャリア不安に直結している。

ただしゆるいと感じている新入社員はその会社のことが嫌いというわけではない（図10）。「ゆるい」と感じている職場は、上司・先輩の支援が手厚く、労働時間が短く負荷が低い傾向が見られるため、当然と言うべきかもしれない。10点満点での自社の評価点を出してもらい、職場に対するゆるさ感別に平均点を示すと、最も評価点が高いのが「ゆるいと感じる」新入社員である。著しく労働環境・条件が悪い回答者が一定数含まれると考えられる「ゆるいと感じない」が一番低いことも頷けるが、いずれにせよ成長できるかどうかと会社が好きか嫌いかは全く別であることが、若者の現状への理解を非常に難しいものとしている。

不満型転職から不安型転職へ

こうした若手の厄介な状況は実は非常にシンプルな図式で整理できることを、本章の多くの調査データの最後に示そう。職場を「ゆるい」と感じている新入社員が、離職意向が強いという事実である。図11からは次のことがわかる。

①現在の会社との関係を2、3年程度の短期的なものと最も考えているのは、職場が「ゆるいと感じる」新入社員である。「すぐにでも退職したい」が16・0%、「2、3年は働き続けたい」に至っては41・2%に達しており、合わせて57・2%がごく短い期間の在職イメージしか持っていない。

②「すぐにでも退職したい」については、職場を「ゆるいと感じない」新入社員が最も高く、29・7%であった。これはいわゆるブラック企業、労働環境・条件の良くない状況で働いている新入社員の意向が反映されているものと考えられる。

③「2、3年は働き続けたい」については、職場が「ゆるいと感じる」新入社員が

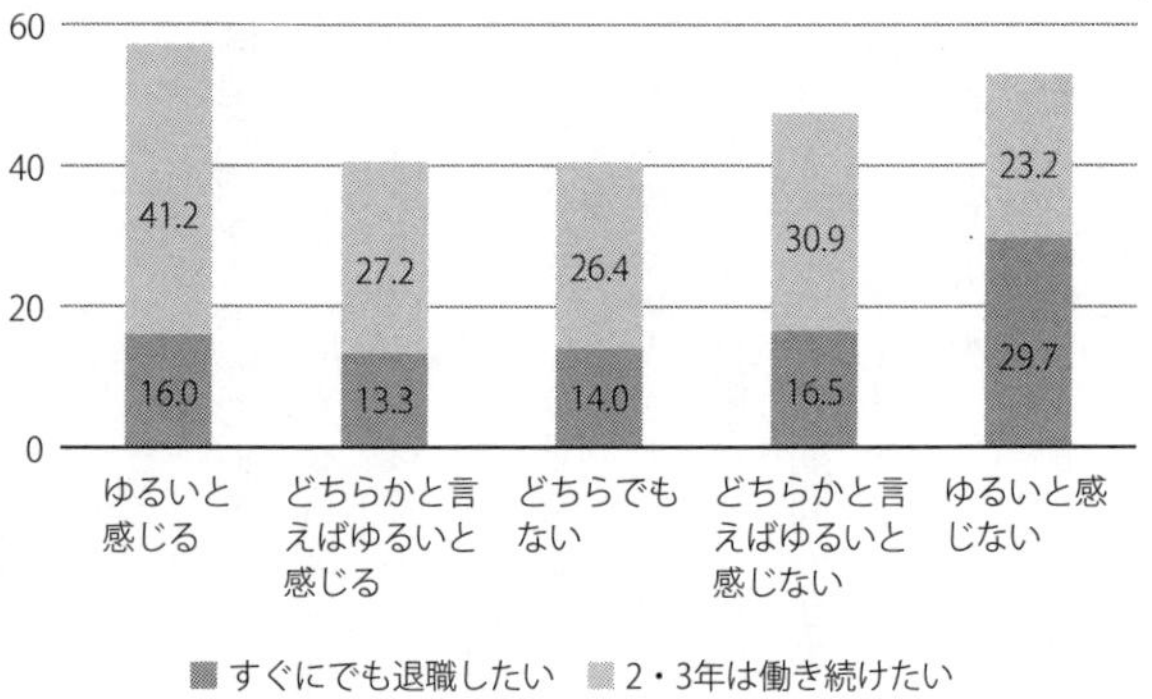

【図11】「ゆるい職場」と就労継続意識（%）

最も高く、実に41・2%に達している。

なお、全体では、16・2%が「すぐにでも退職したい」、28・3%が「2、3年は働き続けたい」、15・6%が「5年は働き続けたい」、13・7%が「10年は働き続けたい」、5・4%が「20年は働き続けたい」、20・8%が「定年・引退まで働き続けたい」と回答していた。全体の結果でも44・5%が「すぐにでも」「2、3年程度で」退職したいと答えており、こうした流れは終身雇用への信用とそれを前提に就職するという認識が大手新入社員のなかで既に崩壊したということを示している。そして注目すべきは、このなかで、職場が「ゆるいと感じる」新入社員では、合わせて57・2％が「すぐにでも」「2、3年程度で」退職したいと、その数字が跳ね上がることである。

つまり全体を総合すれば、「会社のことはゆるくて好きだが、キャリアは不安なので、退職を考えている」という若手の存在が浮かび上がる。「職場がきつくて辞める」者のグループも存在しているが、現代における新しい状況は「職場がゆるくて辞める」というグループを生み出したのだ。

私はこの「職場がゆるくて辞める」状況を、「不満型転職から、不安型転職へ変わった」と理解している。データからは不満は相対的にはかなり減少していると言って良いだろう。そもそも不満の源泉になってきた、職場環境や上司との関係性による負荷、労働時間の長さなどは相当程度改善されたことは明らかで、リアリティショックも低減している。このため、若手になればなるほど、初職の企業への評価点が上昇している傾向があることはすでに示した通りだ。かつての日本企業で当たり前にあったネガティブな感情、会社や職場への「不満」はなくなりつつある。しかし問題は、「不安」が高まっているということであり、特にキャリア不安にその源泉がある可能性はすでに指摘した。これが、職場が嫌で上司と合わないことが「不満」で転職する不満型転職から、不安型転職へ変化していると言った現状である。

不安をどうマネジメントするか

「不満」をマネジメントするのは実は簡単だった。会社や上司に対する不満を晴らすためには、同僚や同期と飲みに行って愚痴を言い合えばたちまちその何割かは解決していたかもしれない。はたまた、上司や先輩が不満を抱えていそうな部下を察して「一杯いくか」と1対1で飲みに行き、腹を割って話せば、若手の悶々としていた悩みもどこかへ行ってしまっていたかもしれない。上司の指示や叱責が理不尽で納得がいかなくて、それでも飲み込んで働いている若手にはこうした機会こそが解決手段となりえた。深夜土日まで自分だけが残業して不満を溜めていても、上司から「見てるぞ」「頑張ってるな」と言われればその一言で震えるほど嬉しかった、という経験がある読者も多いのではないか。

しかし、「不安」、特にキャリアの不安は別だ。

この職場で仕事をしていたら転職できなくなっていくのではないか、同世代と比べて差をつけられているのではないか。こうした不安を抱えている若手がいるとしよう。上司が一緒に飲みに行く、というこれまでの不満解消手段は何の役にも立たないと想像できる。同僚と愚痴りあって飲み明かしても、今日もまた3時間もいつもと同じ話をしてしまった、と非生産的に感じるだけであろう。また、上司から「見てるぞ」と言われたところで、その瞬間は嬉しいだろうが、上司が少し見て評価してくれたところで、労働市場における自分の価値が上がるわけではない。不満解消型のマネジメント・コミュニケーションは、このキャリア不安の問題に対して何の有効性もない。

企業や上司には、若手のキャリア不安をいかにして解消するのか、というこれまでに日本企業が直面したことのない新たな課題が発生しているのだ。

ロールモデルになりえない上司・先輩

前述したように、大手企業における大卒新卒の早期離職率は近年、決して下がってはおらずむしろ上がっていた。そしてその原因はキャリア不安が高まるなか、それを放置せざるをえない組織側にある。

ただ、若手のキャリア不安を現場の管理職層がマネジメントできないことの原因は、管理職層のマネジメントスキルを上げられないからだ等という単純な話ではない。そもそも、上司が若手のロールモデルになりえないという構造的問題に一因があるためだ。本書でもたびたび例に出しているが、今の40、50歳代の大手企業管理職層の新入社員時代の職場環境と、現代の「ゆるい職場」では笑ってしまうほどの違いがある。管理職層の新入社員時代の話を聞いても、「また武勇伝か」くらいにしか感じられない若手のことを誰が責めることができようか。事業部対抗野球大会があり、日曜日に練習をし、「遊びじゃねーんだよ！　これで仕事を学ぶんだよ！　と真剣に怒られた」（大手総合電機メーカー、50代）といった話を聞いた若手が、おとぎ話の類だと感じることを誰が否定できようか。当時と今とでは職場環境が違いすぎ、その若手時代の成長過程をストレートに参考とすることはほとんど不可能だろう。

さらに、企業との関係性を短期的なものとして考える若手にとっては、その会社一筋で出世してきた人の多い大手企業の管理職層は自分の職業人生のモデルとはなりづらい。実際に新入社員に「ロールモデル」の話を聞くと、驚くほどにみな、数年程度年上、特に2、3年上の社員の話をする。会社の採用パンフレットでもエース級と目される部長や課長のキャリアパスも掲載している企業が多いが、実はあまり読まれていないのだ。

最後に、ライフスタイルの考え方の違いも大きい。先述の調査で若手に「プライベートを大事に生活したい」か「仕事をメインに生活したい」か問うたところ、前者が68・7％と3人に2人以上であった。現代では性別に関わらず、仕事は人生の一部分に過ぎないという認識は若手の普遍的な価値観となっており、「黙って職場の上司のやり方についていこう」とはならない。

育つ環境が違いすぎ、2、3年上をモデルとし、ライフスタイルの考え方も違う。もはや上司・先輩は、若手のロールモデルにはなりえないのだ。

世界でも起こる若者と職場の関係変化

ここまで若手と職場の関係が変わりつつあることを様々な調査結果から検証してきた。実は、こうした状況は日本に限ったことではない。例えば、アメリカで「大量退職時代」Great Resignation が衝撃をもって論じられている。これは、2021年半ばから経済情勢が必ずしも良くないにも関わらず、大量の従業員が自発的に仕事を辞める動向が顕著となったことを指す。2021年6月にアメリカの労働者のうち、390万人が自主退職。以降400万人台で推移しており、これは統計開始以来最高水準であった。そして2022年4月には450万人超と過去最高を更新してしまった。この原因を探るべく様々な調査がアメリカで行われた。パーソナルキャピタル社調査によると、アメリカ人の66％が今すぐにでも転職したいと考えており、特にZ世代（概ね20歳代）では92％、ミレニアル世代（おおむね30歳代）では78％、X世代（概ね40歳代）では47％、ベビーブーマー世代（おおむね50歳代以上）では45％と、若い世代になるほど退職意向が顕著に高いことが判明した。アメリカにおける若手の退職意向が高い原因として分析されたのは、コロナショックによる人生との向き合い方の変化や働き方に関する価値観の変化、そして企業への共感の低下などが挙げられている。日本とアメリカ、その発端はもちろん異なるが、企業や職場との距離感が変わり、関係性が短期的になってきているという奇妙な符合が見られるのだ。

さらには、中国においても同様の若者のトレンドが起こっている。「タンピン族」である。寝そべり族を意味する言葉だが、２０２０年頃より発生している一種のムーブメントであり、企業における出世や所得増を望まない志向を持つ若者たちのことを指す。ここでも、日本やアメリカの若者と方向性は異なるが、「企業との関係性が変わりつつある」という共通点が見られるのだ。

グローバルに巻き起こる、「企業と若者の関係性の変化」という大きなうねりの中で、アメリカの若者は自主退職を考え、中国の若者は最低限の仕事だけしてあとは寝て過ごすことを志向し、日本の若者はキャリア不安を抱えて退職する。企業社会が若者をどう育てていくのか、という問題が実は世界各国で同時多発的に浮かび上がってきている。

さて、なぜ日本の新入社員が職場を「ゆるい」と感じるのか、について職場環境の変化をデータで整理した。その結果、「職場がゆるくて辞める」という若者が相当数存在していることが理解頂けただろうか。それに加えて、ここまで言及しなかったもうひとつの重要な要素がある。それは、新入社員自身の変化である。第三章では今まさに起こっている変化、「新入社員の多様化」について検証していく。

第三章　「ゆるい職場」時代の若者たち

ここまで現代日本における若者の「不安」や「焦り」を考えるうえで、決して見過ごしてはならない視点として、職場側の変化を解説してきた。いま企業社会の現場で起こっている様々な若者に関する問題は、「若者がゆるい」のではなく、「ゆるい職場」に注目しなければ全体像を把握することは到底かなわない。

ただ、当然のこととして、時代に合わせて若者側の変化も生じている。第三章ではこの若者側の変化に注目し、「若者が変わったと思う」「そう感じるひとが多い」といった印象論ではない、統計的事実をもとにした検証を行う。

1　二層化する若者

「最近の若者」論の限界

世間では、「Z世代は○○だ」「最近の若者は○○だ」という言説にあふれている。こうした意見を言いたくなる気持ちもわかるが、しかしこういった平均像で現代の若者を語る言説は（少なくとも就労やキャリアに関しては）、ほとんどが物事を過剰に簡略化しているか、そうでなければ現実が理解できていない誤解であると考える。理由はシンプルで、若者が多様化しているために「若者＝○○」という一律の言い切りが成立しなくなっているためである。

少なくとも二層化していることをデータで示そう（図1）。例えば、「現在の会社で長く勤めたい」か「魅力的な会社があれば転職したい」かと聞くと、52：48と概ね半分ずつの回答となっている。また、「会社でいろいろな仕事をしたい」か「会社で専門分野をつくりたい」かと聞くと、56：44とこちらも概ね半分ずつの回答となる。

「家族・配偶者としっかり相談してキャリアを決めている」かどうか、「忙しくても給料が良い仕事がしたい」か「給料は低くとも落ち着いて働きたい」か。こういった項目でもほぼ半分ずつの回答となっていることがわかるだろう。平均値である程度の傾向が見られるのは「仕事をメインに生活したい」か「プライベートを大事に生活したい」かについての質問に、「プライベートを大事に」派が多数を占めていることくらいとなっている。

このように、二項対立するような労働・仕事に関する考え方について半分・半分に存在している状況があるのだ。この半々の回答がさらに相互に掛け合わさって、主流派なき多様化が進んでいるのが、現在の若者について明らかになっていることである。こうした状況があるとして、「最近の若者は……」という言葉で平均を語っているとすれば、フタコブラクダになっている実情に対して、コブの谷間の部分を平均値として指し示すことになり、誰のことも語ることができていないこととなる。もしくは、どちらかのことだけを「最近の若者は……」と語っているとすれば、もう半分の話は一切できていないのだ。

筆者はこの結果を見て、大ヒットしたTVドラマ『半沢直樹』シリーズを見た若者たちの反応が実に様々であったことを思い出した。第二シリーズが放映されたあとにドラマの感想を就活生や若手社会人に聞いたことがある。ある就活生は「自分の正義のために、巨大な権力と戦う姿をみてこうなりたいと思った」と話し、実際にメガバンクへ就職が決まっていた。またある者は主人公が勤めるバンカーの仕事を「人と人とのつながりを大切にすることが自分の資産になり大きな仕事に繋がるのだと感じた」そうだ。他方で別の者からは、「トップダウンで相当年月を重ねないと発言権がないのだと思い、志望業種から外した」という意見もあった。主人公は課長や次長クラス以上だが、それでも社内で発言力があると思えなかったのだろう。「建前はいろいろあったものの、やっていることは要するに出世争いで、主人公の理念自体に共感できない」という声もあ

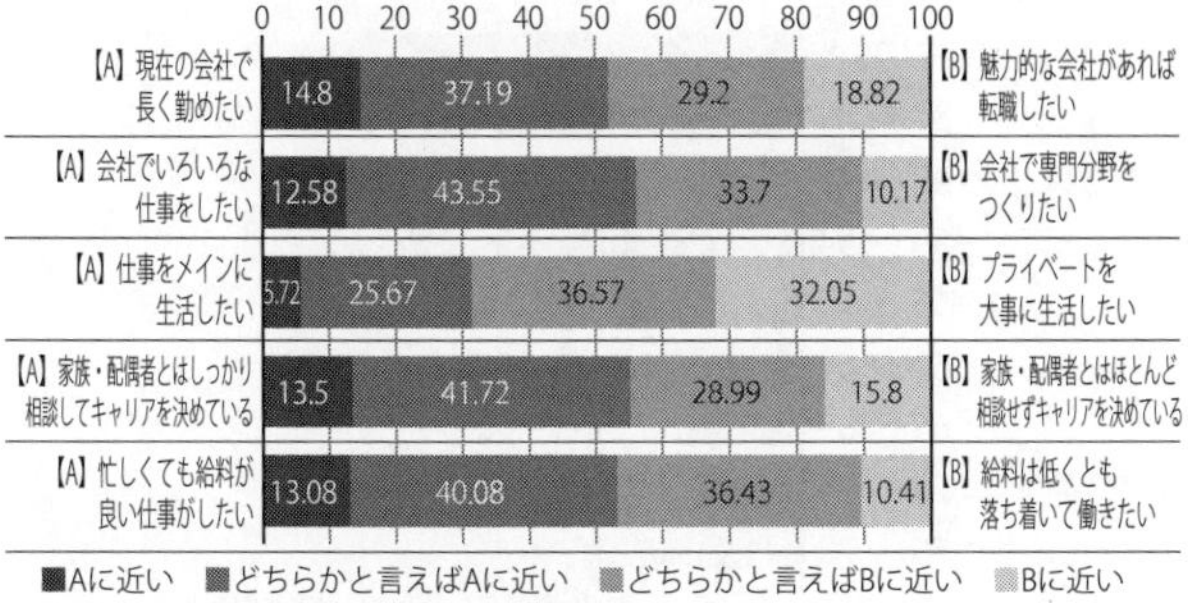

【図１】大手若手社員の職業生活志向（%）

り、なるほどと思わされたこともある。もちろん、原作小説を元とするフィクションであり実際のところはもっと変わっていると思うよと若者たちには伝えたが、これだけ国民的なドラマであっても、彼ら・彼女らに正負様々な意見や受け止めがあったことを、多様化する仕事の価値観のデータを見るときに思い出す。

コスパ志向

続いて、「若者は多様だ」で終わっては味気ないと感じる方もいると思うので、プライベート志向とは別にもう1点わかりやすく傾向が見られる点を提示しておこう。

コストパフォーマンス志向である。「コスパ」という若者言葉もあるが、ご承知の通りコストパフォーマンス、費用対効果の略語で、ここ5、6年ほどで急速

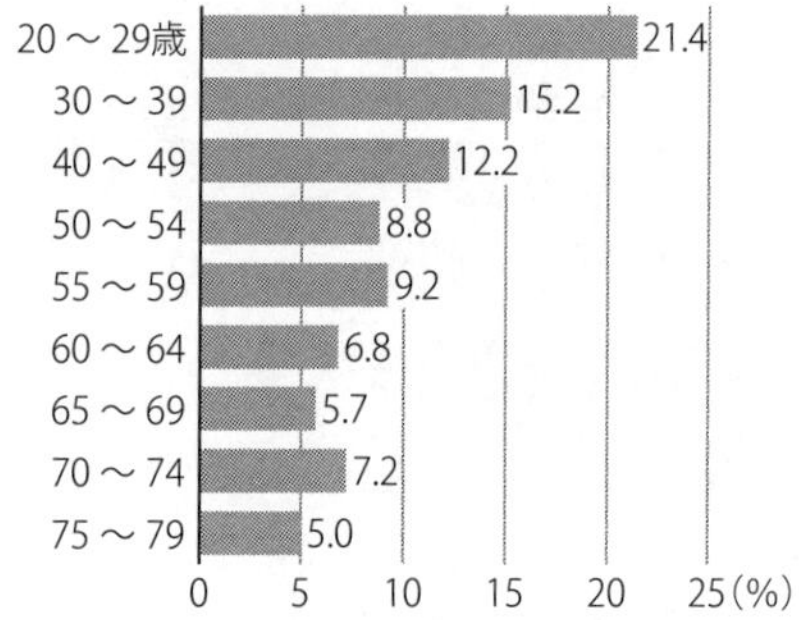

出典：リクルートワークス研究所「シニアの就労実態調査」（2021年）

【図２】働く上での価値観、重要性について「効率よく対価を得ること」が「非常に重要」と答えた割合

に一般化した。その用途は、従来の用法であったビジネスにおける投資効率を示すものから、買った商品の物持ちの良さ、サービスの品質、ランチに食べた食事の味、学習した物事、果ては交友関係によって得られるものまで極めて幅広く用いられており、一定の年齢層以下の日々の頻出語のひとつだろう。若者世代に対して、純粋に良いもの、を追求するのではなく、「値段以上の対価が得られるもの」を良いものとする世代だとする論調もある。

　コスパという言葉には多くの使用法があるが、ここでは「仕事におけるコスパ志向」に注目しよう。データでは、働くうえでの価値観、重要性について「効率よく対価を得ること」が「非常に重要」と答えた割合を世代別に整理している。一目瞭然だが、20－29歳で21・4％に達しており、年代が上がるごとに徐々に低下し最終的には5％程度となっている。コスパの良い仕事をしたい、という志向が高い可能性があると言及したのはこのためだ。

異なる2つの姿勢

ただ、若者が仕事において「コスパ」という言葉をどのように使っているかを整理すると、実は全く逆の2つの潮流を生み出しているのではないかと考えている。

まず、費用対効果の「費用」と「効果」が仕事の面で若者にどのように考えられているかについて例をあげて見てみよう。例えば、就職活動や転職先選びにおいても「コスパが良い会社が向いていると思っている」「コスパ重視で探しています」といった声を聞くことができる。この場合の費用と効果は多義的である。

「費用」については、広義には労働負荷を意味するものと考えられ、具体的には、労働時間、ストレスの大きさ、ノルマの有無、人間関係、仕事の自分への帰責性、などを含んで使用される。また、「効果」については、広義には労働による対価を意味するが、具体的には、金銭的報酬、ノウハウ・人的ネットワークの獲得、成長機会、職務上の実

費用（労働負荷）	効果（労働対価）
労働時間、ストレスの大きさ、ノルマ、人間関係の煩雑さ、仕事の責任　等	金銭的報酬、ノウハウ・ネットワーク、成長、実績、ロールモデルとの出会い、精神的報酬、安定性　等

【図３】費用と効果の例

績の獲得、キャリア上のロールモデルの存在、感謝の気持ちの獲得、安定性などを含んで使用される。

これらの双方の要素の組み合わせで構成されるのが前記の「コスパの良い仕事」である。例えば、

①「残業はないが年収はそこそこ」といったケースは、金銭的報酬÷労働時間

②「ギラギラしておらずのびのびした雰囲気だが、スキルが身につく」といったケースは、成長÷ストレスの大きさ

③「急なトラブルなどは少なく淡々と仕事すれば良いが、お客さんに感謝される」といったケースは、精神的報酬÷仕事の責任

このような〝割り算〟の結果が大きいという意味で用いられている。

こうした「コスパが良い仕事」であるが、この通り多義的である

ことから、結果として全く逆の2つの姿勢が生み出されているのではないかと考える。どういうことか具体的に見てみよう（図4）。

一方の「コスパ志向」が高い若手からは以下のような言葉を聞くことができる。

「自分の履歴書に書けるようなプロジェクトに積極的に取り組みたい」
「自分の名前で仕事ができるようになりたいので、今の仕事を選んだ」
「この分野の第一人者になるための修業期間だと思っている」
「30歳までにほかのひとにはないような大きな成功体験を得るため全力で仕事したい」

確かに、こうした場合に「コスパの良い仕事」は良い選択肢となりうる。つまり、自分が得たい経歴、得たいスキル、得たい知見を〝効率的に得るために〟、今の仕事を選ぶのだ。そこには、短期的に・一定の時期までに効果が出る仕事を、能動的に選択していく姿勢が表れている。結果として職業生活における行動を促進する「コスパ志向」であると考えることができよう。

他方、全く同じ「コスパ志向」は異なる形で表出することがある。

「上司や同僚と異なることをして睨《にら》まれるのは無意味だと思う」
「社外で活動しても評価に結びつかないのでやる必要性を感じない」

	仕事における「コスパ志向」A群	仕事における「コスパ志向」B群
代表的な現れ方	「自分の履歴書に書けるようなプロジェクトに積極的に取り組みたい」「自分の名前で仕事ができるようになりたいので、今の仕事を選んだ」「この分野の第一人者になるための修業期間だと思っている」「30代前半までにほかのひとにはないような大きな成功体験を得たい」	「上司や同僚と異なることをして睨まれるのは無意味だと思う」「社外で活動しても評価に結びつかないのでやる必要性を感じない」「給料は一定なので人より早く帰るほうが得」「ネットで調べると、失敗した事例がたくさん出てきてコスパが悪いので辞めた」
重視する点	効率的に対価を得る（対価＝スキル、実績等）	効率的に対価を得る（対価＝金銭的報酬、安定性等）
効果	職業生活上の行動を促進する	職業生活上の行動を抑制する
心理的変化	行動意欲、焦り	リアリズム

【図４】若者の仕事における「コスパ志向」２つのグループ

「給料は一定なので人より早く帰るほうが得」

「ネットで調べると、失敗した事例がたくさん出てきてコスパが悪いので辞めた」

こうした場合にも「コスパが良い仕事」は重要な選択肢になりうる。つまり、シンプルに〝より少ない労力で対価を得るために〟、今の仕事をしているのである。また、仕事以外のことに時間を使いたい場合もあるだろう。ここでは、中長期的なキャリア形成の中で、損になることを排除しようとする行動姿勢をうかがうことができる。結果として、職業生活における行動を抑制する「コスパ志向」

であると言えよう。

若者が同じ「コスパ」という言葉で表現する仕事への姿勢についても、全く異なる2つの様相が出現していることが理解できただろうか。ここで言いたいのは、どちらが良い・悪いではない。単純な事実として、同じ「コスパ志向」であっても、その内実を丁寧に見ていくと「行動を促進するコスパ志向」と「行動を抑制するコスパ志向」が並立しているという現在の状況についてである。コスパ志向という若者に一定程度共通する志向性であるが、その言葉のもとでも多様化が進んでいるのである。

2　〝白紙〟でなくなる新入社員たち

入社時点ですでに違う

ここまで述べた通り、現代の若者は就業に対してひとりひとり様々な価値観を持っている。こうした違いというのはどの段階で生じているのか。仕事をするなかで生じてきたのか、それともそれ以前から生じていたのか。当然ながら、社会人になる以前・以後のどちらにも生じうる変化だろう。変化のきっかけが起こりやすい世の中になっていると言えるかもしれない。他方で、筆者が若手社会人にインタビューをしていた際に、彼ら・彼女ら自身の新たな変化について示唆を得ることがあった。

「入社前に地元のコワーキングスペースの運営に携わっていて……」「大学1年生からスタートアップで2年間働いていておりいまは営業をしていて……」といった、学校に所属する学生でありながらにして、既に社会・企業と接点を持って活動した経験を持つ若手社会人が一定数存在したのである。また、重要なのがその多くにおいて、その経験と現在の職場環境を比較する視座を有していたことであった。

この点をふまえて、これまで新入社員は「白紙」として一律に扱う企業が多かった日本社会ではあまり注目されてこなかった、入社以前の段階で生じる違いについて検証したところ、大手企業の新入社員の多様性が入社前の段階で予想以上に広がっていることを紹介する。

学生時代の活動

現代の若手社会人について検討するなかで、彼ら・彼女らの仕事の状態に与える影響

あなたが学校卒業まで（就職するまで）に、参加した・実施したことがあるものを全て選んでください。
1　中学・高校時代に、複数の社会人から仕事の話を聞く経験
2　複数の企業・職場の見学
3　複数の企業や社会人が参加するイベントの主催・運営
4　期間が1か月以上にわたる長期のインターンシップ
5　起業や法人設立の経験
6　ビジネスプランコンテストやハッカソンへの参加
7　知人ではない多人数の前でのプレゼン・スピーチ
8　営業のアルバイトなど、企業に商品・サービスを売る経験
9　ゼミ・研究室で行った学外の社会人と連携して行う活動
10　地域や会社と連携して行う講義・授業
11　社会人と一緒のチームで成果を出すプロジェクト・活動
12　あてはまるものはない

【図５】入社前の社会的経験に関する質問項目

が大きいものとしてある一つの要素が発見された。それが「入社前の社会的経験」である。

図５は、入社前の社会的経験についてたずねたもので、参加した・実施したことがある項目を複数回答で選択してもらった。この質問項目は、「高校や大学在学中に行うことができる学校外の社会人や企業等と繋がる活動」として設計している。

学生・生徒で学校に所属しながら複数の社会人や企業等と関わったり、一緒に仕事をしたり、連携して活動をする経験だ。この質問項目は、単に1時間だけの授業を受けたり、学校のプログラムとしてひとりの卒業生の話を聞いたり、といった面的な広がりがない経験を意図的に除外している。一定程度継続した、もしくは複数の企業・社会人と接触した、といった多面的に企業・社会と繋がる経験を項目にしている。こうした形で設計したのは、社会と接する経験自体は多かれ少なかれ多くの若者にあるが、一定以上の接点がなければその影響は乏しいと考えたためだ。ただし、そういった経験をした理由やきっかけ、動機といったことは度外視しており、つまり「なぜ実施したのか」「それは自律的に手を挙げて参加したのか」「はたまた誰かに誘われたのか」といったことは把握していない。あくまで、経験をしたか・していないかをシンプルに聞いた。

内容としては、中学校・高校でも行いうるような経験（「中学・高校時代に、複数の社会人から仕事の話を聞く経験」「複数の企業・職場の見学」「知人ではない多人数の前でのプレゼン・スピーチ」等）から、大学・大学院において行うような経験（「期間が1ヵ月以上にわたる長期のインターンシップ」「ビジネスプランコンテストやハッカソンへの参加」「ゼミ・研究室で行った学外の社会人と連携して行う活動」等）までがある。また、企業やそこで働く人と関係するものが多いが、地域と関わる経験（「地域や会社と連携して行う講義・授業」）もある。

社会的経験の量

こうした社会的経験の量について、各項目の若者における経験率順に並べた。経験率順にどういった経験を意味するか見ていきたい（図6）[*1]。

最も多かったのは「複数の企業・職場の見学」であり46・2％が経験していた。中学・高校における授業で地域の企業と連携して実施している例もあれば、大学でこうした経験を持つ若者も多いためだろう。「中学・高校時代に、複数の社会人から仕事の話を聞く経験」も比較的多く、25・5％が経験していた。学校におけるキャリア教育の浸透によりこうした機会を得られる若者が増えていることが背景にある。また、「複数の企業や社会人が参加するイベントの主催・運営」は20・8％であった。これは、文化祭や市民公開講座を学生・生徒が運営している学校のケースが該当するだろうし、大学では部活・サークルなどで様々な企業と関わったイベントを開催するケースもある。20％以上と比較的主流となっている社会的経験は以上の3つだ。こうした経験は、20年ほど前に学生時代を過ごした世代においても経験した方もいるのではないか。

20％より少なかった経験には、16・0％が経験していた「ゼミ・研究室で行った学外の社会人と連携して行う活動」。近年隆盛してきており、民間企業と共同研究をしてい

	実施率
複数の企業・職場の見学	46.2%
中学・高校時代に、複数の社会人から仕事の話を聞く経験	25.5%
複数の企業や社会人が参加するイベントの主催・運営	20.8%
ゼミ・研究室で行った学外の社会人と連携して行う活動	16.0%
知人ではない多人数の前でのプレゼン・スピーチ	15.5%
期間が1か月以上にわたる長期のインターンシップ	10.5%
地域や会社と連携して行う講義・授業	9.7%
営業のアルバイトなど、企業に商品・サービスを売る経験	7.2%
社会人と一緒のチームで成果を出すプロジェクト・活動	4.2%
ビジネスプランコンテストやハッカソンへの参加	3.7%
起業や法人設立の経験	2.9%

【図６】社会的経験の実施率

る研究室や、企業が持つ課題を題材にその企業と連携して研究・学習を進める事例（ＰＢＬ：プロジェクト・ベースド・ラーニング）も出てきている。また、15・５％が「知人ではない多人数の前でのプレゼン・スピーチ」の経験があった。ＴＥＤという国際カンファレンスがあるが、ここでのプレゼンテーション形式を真似て若者がプレゼンを全世界に配信するといった取組も存在しているし、それほど派手なものでなくともプレゼンテーションソフトを使って人前で決まったテーマについて話す経験がこれにあたる。

続いて、10・５％が「期間が１ヵ月

以上にわたる長期のインターンシップ」の経験がある。かつて日本では影も形もなかったが、就職活動における主流が1DAYインターンなどの短期的なものも含めたインターンシップに移行してきたことを思うと、この10年ほどで状況がかなり変わったことに驚かされる。そのなかで今回聞いたような、1ヵ月以上ひとつの会社でインターンシップした若者が10％に達していることには隔世の感がある。この3項目が10％以上20％未満の経験であり、こうした経験は現在の管理職層の世代では、学生時代に行う機会がなかったものが多いのではないだろうか。

10％未満の項目については、「地域や会社と連携して行う講義・授業」9・7％、「営業のアルバイトなど、企業に商品・サービスを売る経験」7・2％などがある。前者は講義・授業においてPBLの経験があったか聞いたもので、後者はtoBで取引をした経験があるか聞いたものであり、近年ではSNSのインフルエンサーの学生が自身で企業と契約を結んで様々な役務を提供するといったことが行われていることも想起される。「社会人と一緒のチームで成果を出すプロジェクト・活動」4・2％については、地元にコミュニティスペースを社会人のチームと一緒に立ち上げ、その運営をしているという大学生の話を聞く機会があった。「ビジネスプランコンテストやハッカソンへの参加」3・7%、ハッカソンはハッキング×マラソンの略語であり、IT技術系人材が決められた時間で成果物を作成しその出来を競う大会である。最後に「起業や法人設立の経験」があったのは2・9%であった。

世代間での大きな差

こうした経験の量について世代別に集計した（図7）。年代を追うごとに、社会的経験の量が増加している傾向を確認できる。「多数（4回以上）」であった回答者は5・4%から11・5%へと倍増しており、同様に「複数（2－3回）」の経験をしていた者も32・5%へと増加し、2回以上の経験をしている者は合わせて44・0%に上っている。他方で、経験が「全くない」者は現在の新入社員では27・5%と決して少なくはないが、各年代よりはその割合が低いことがわかる。

特に現在大手企業で管理職層となっているだろう、1999－2004年の入社者と比べて頂きたい。現代の若者との差がよくわかるはずである。かつては53・5%が「全くない」と答えていたのだ。

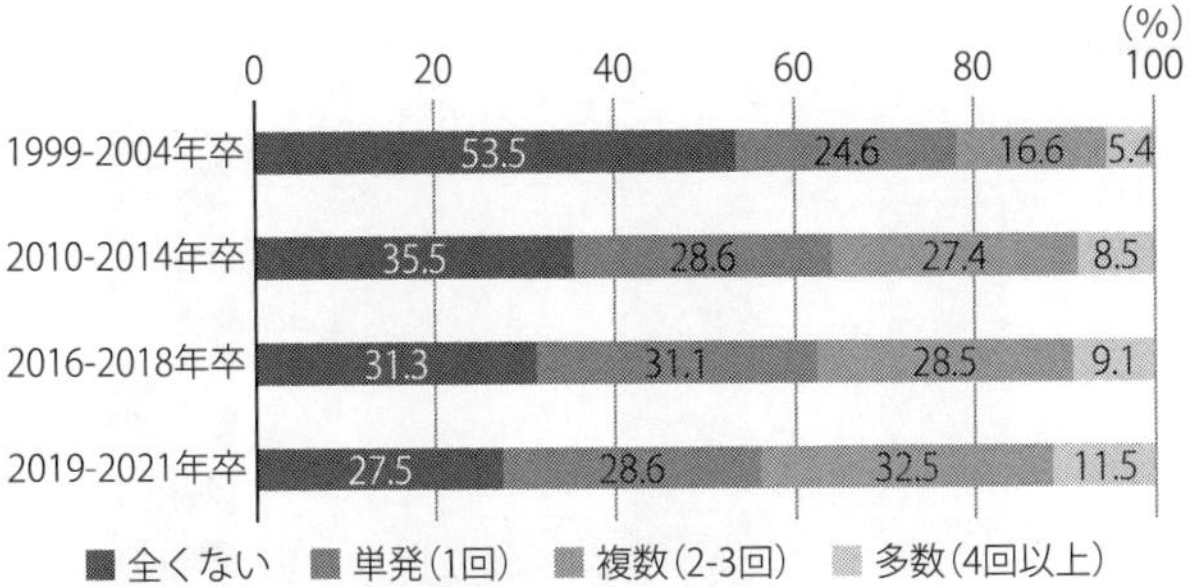

【図7】学生時代の社会的経験（入社年代別）

「社会的経験」がもたらすもの

学生時代にこうした社会的経験をすることの評価については様々な議論があるが、ここではその効果を検証することを目的としていない。ここで伝えたいのは、「入社前の社会的経験の多寡から、新入社員の仕事観の広がりが見えてくる」という点である。

例えば、初職への評価点については入社前の社会的経験の量が多い新入社員ほど高い傾向がある（図8）。4回以上のグループでは6・93点、2－3回では6・51点、1回では6・16点、全くないグループでは5・77点と経験が多いほど評価点が高い。入社前に社会的経験が多い若手のほうが自社のことが好きなのだ。

また、新入社員の自分のキャリアの現状認識のスコ

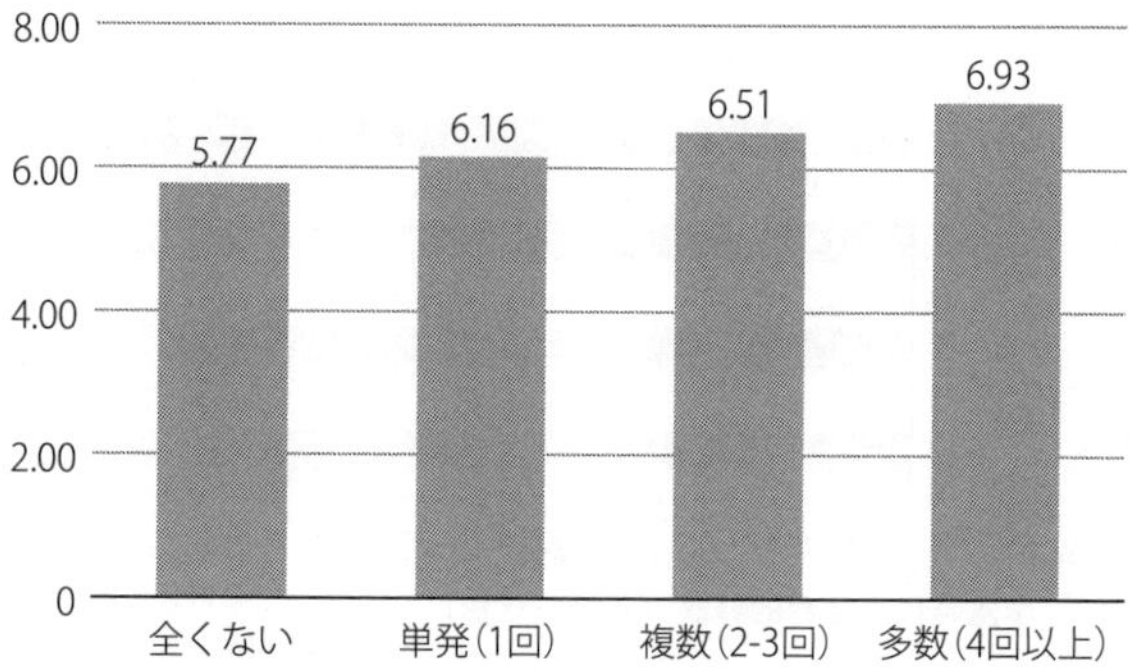

【図8】初職への評価点(10点満点、2019-2021年卒、入社前の社会的経験別)

ア(キャリア満足感スコア、[*1] いきいき働くスコア。[*2] 高い方が充実している)についても、経験が多いグループがより高い(図9)。両スコアについて多少の差異はあるが、活動経験が「多数」のグループが最も高く、「全くない」グループで最も低い。もちろんこれは自己評価ではあるが、経験の多寡によって、若者の職場での満足感や仕事でのパフォーマンスがかなり異なっている可能性がある。

「不安」を感じる新入社員

では単に、「社会的経験が多い新入社員は楽しく働けて、会社のことも好きでハッピー」という話なのかというと、そうではない。

現在の新入社員の「不安」感は決して低くない

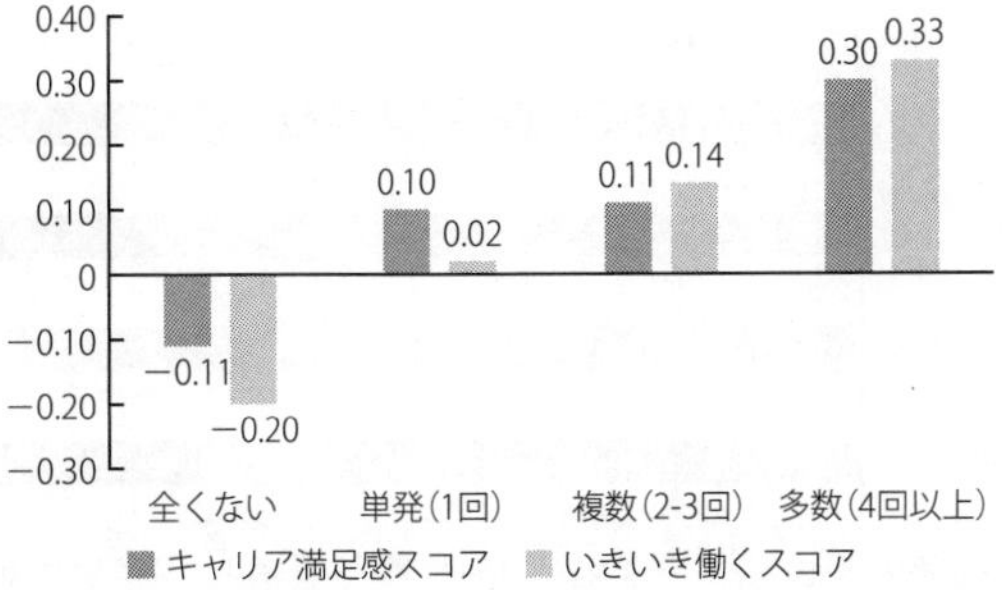

※キャリア満足感スコア：Spurk, D., Abele, A. E., & Volmer, J. (2011). をリクルートワークス研究所で邦訳して使用。「自分のキャリアにおいて、これまで成し遂げたこと」等に満足しているかどうか聞いた結果をスコア化した。
※いきいき働くスコア：「仕事は、私に活力を与えてくれる」「私の仕事は、私自身をより理解するのに役立っている」等の項目を聞いた結果をスコア化した。リクルートワークス研究所が作成した尺度

【図9】キャリアの現状への認識（2019-2021年卒、入社前の社会的経験別）

ということをすでに示したが、この不安感についても入社前の社会的経験の量と一定の関係が見られている。具体的に「不安だ」という項目に「あてはまる」と回答した割合は経験「多数」で41・9％と、「全くない」グループの26・2％と比較して高い傾向が見られる。なお、「複数（2−3回）」で34・5％、「単発（1回）」では32・4％と、経験が多くなるにつれて不安を持つ若手も〝多くなって〟いるのだ。

　さらに掘り下げて、現代の新入社員のほぼ半分（48・9％）が「強くそう思う」または「そう思う」と回答していた、「自分は別の会社や部署で通用

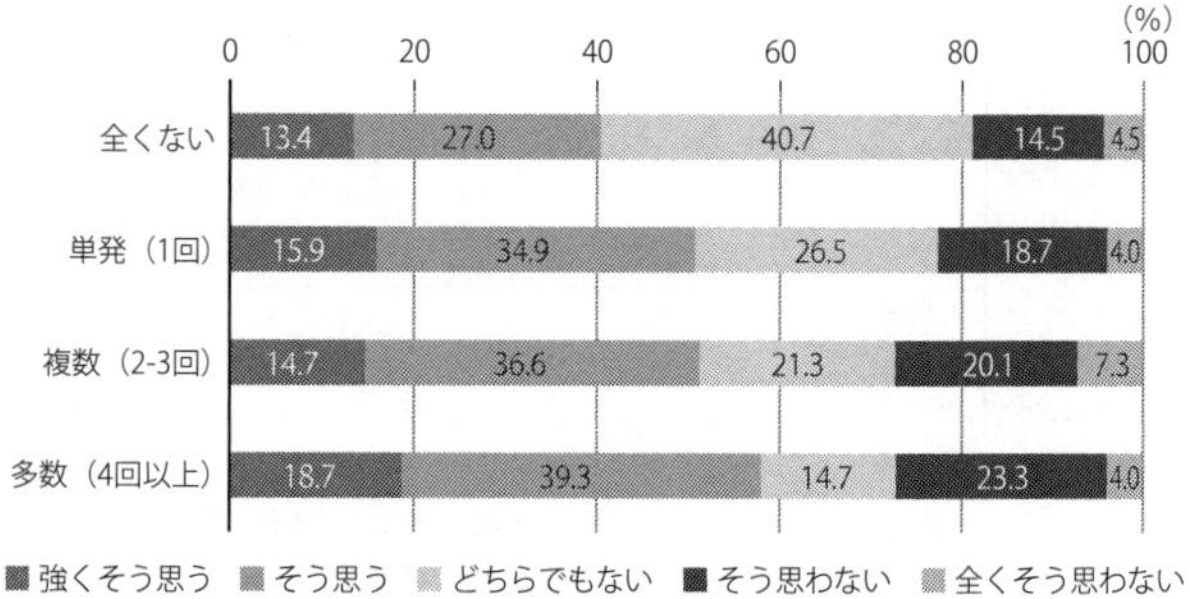

【図10】「自分は別の会社や部署で通用しなくなるのではないかと感じる」の回答割合（2019–2021年卒、入社前の社会的経験別）

しなくなるのではないかと感じる」か、という質問を例に挙げて検討する（図10）。この結果を見たうえで、3つのポイントがあると考えている。

1つ目は「強くそう思う」「そう思う」と答えている人の割合が、経験が多くなると増えていることである。経験4回以上では合わせて58・0％となっており、これは全くないグループの合計40・4％と比較して高い。

2つ目は「全くそう思わない」「そう思わない」も、経験が多いグループほど多いということである。1点目と矛盾するようだが、実際に減少はしていない。

3つ目のポイントは、1点目・2点目の帰結として、「どちらでもない」割合が、経験増とともに急速に減少する傾向が見られることがわかる。経験4

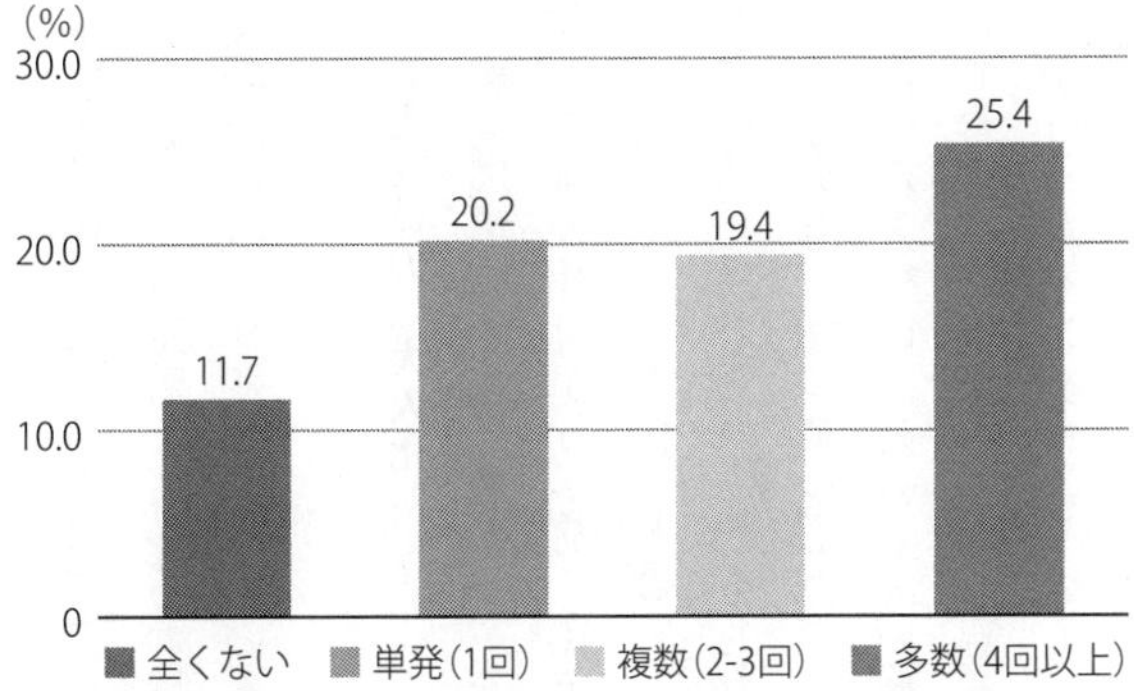

【図11】初職離職率（2019―2021年卒、入社前の社会的経験別）

回以上では14・7%と全くないグループ（40・7%）の半分以下である。筆者はこの経験量が増えるほどに「どちらでもない」という回答者の割合が減少し、〝自分の会社では成長できない〟と思う若手と、〝自分の会社で成長できる〟と思う若手が分化している状況は、入社前の社会的経験が現代の新入社員にもたらした会社に対するある種の〝見切りのはやさ〟が顕在化したものと考える。彼ら・彼女らが保有する入社前の経験が、早々に自社がどっちなのか〝見切る〟、判断材料を与えているのである。

入社前に社会的経験があると〝見切り〟が早い、その傍証となるデータがある。新入社員の離職率だが、経験が多い層ほど高い結果となっている（図11）。初職離職率は、経験「多数」では25・

4%に上り、「単発」や「複数」グループでは20%前後。他方で「全くない」は11・7%と低い。この結果は、自社のことを高く評価し前向きに業務に向かっている新入社員が必ずしも定着しているわけではないことを示しており、現代における新入社員と企業の関係の厄介さが表れている。

新入社員の〝大人化〟

職場環境の変化に加えて、若者側の変化に注目すると、入社前の社会的経験の量という点で新入社員が5年前・10年前等と比較して大きく変容していることが確認できた。その変容を〝大人化〟と書くと「最近の新入社員は未熟だ……」といった言説とは乖離《かいり》していると感じられるかもしれないが、しかし確認できた事実は以下の通りである。

すなわち、かつて多数派だった入社前の社会的経験が「全くない」グループはすでに現代の新入社員においては比較的少数（4分の1程度）である。その経験内容も多様化しており、自らが向き合う若者について多彩であると実感している方も多いだろう。筆者が行ったインタビューでも、「男性でコスメブランドと契約を結ぶなど10代からビジネスをしていた同期がいた。しかし、経験のあったマーケティングでもコスメでもない部署に配属され半年で転職した」といった話があり、少なくとも一部の新入社員はかつてのような〝白紙の状態〟ではなくなっている可能性が高い。こうした新入社員に、一律のオンボーディング施策で良いのか、ゆるい職場を前提とし若者の多様性をふまえた育成の見直しが必要なのではないだろうか。

また、今回の検証からわかったさらに大きなポイントは、〝大人化〟した新入社員と、ある種の大人としての通過儀礼（イニシエーション）を通っていない新入社員が、混在しているということである。この混在した環境が状況を複雑にしている。つまり、ひとつの企業のなかに、職業人としての段階が全く異なる新入社員が交じりあっているのだ。

3 「過去の育て方が通用しない」を科学する

10年前の新卒社員と比べる

さて、こうした状況で育成にも大きな影響が出ている。どんな若手がより育っているのだろうか。分析した結果として、新入社員の成長実感の高まりと職場における負荷との関係がわかってきた。その結果を紹介する（図12）。

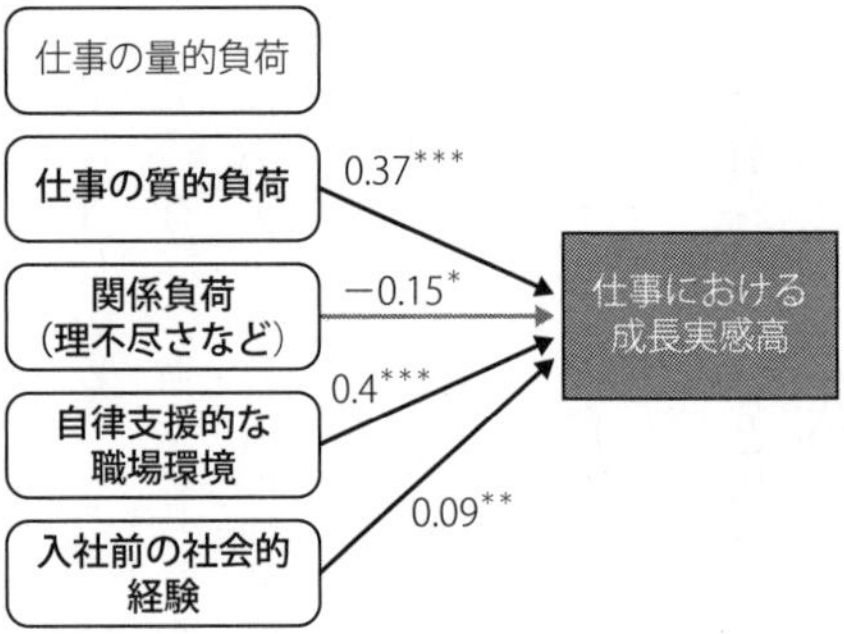

※重回帰分析の結果を簡略化したもの。量的負荷は「労働時間が長いと感じる」等、質的負荷は「自分が行う業務が難しいと感じる」等、関係負荷は「理不尽なことが多いと感じる」等の回答をスコア化した
※有意水準 ***：０.１％ **：１％ *：５％

【図12】成長実感が高い新入社員と職場環境等の分析（2019年~2021年卒）

結果をストレートに言えば、仕事の量的負荷は成長実感には関係がなく、質的負荷が高まると成長実感も高まり、関係負荷が高いと成長実感が低くなる、という状況にある。こうした結果から重要になるのは、「関係負荷をかけずに質的負荷をかけるアプローチが必要になる」ということだと言えよう。そんなこと可能なのかと思われるだろうが、実はこうした育成方法の萌芽はすでに出ており、第六章で詳しく述べる。ここではデータからは理論的にそういった育成アプローチが現代日本において有効である可能性が高いということがわかった、という点だけ理解していただきたい。

ただし、現状では質的負荷と関係負荷の間には強い正の相関が存在しており、切り離すことが難しい。つまり、仕事の質的負荷を上げると、同時に上がってほしくない関係負荷も上がってしまう。これまでの常識とは異なる育成メソッドが必要になっている。

また、入社前の社会的経験は入社後の成長にプラスに効果があった。

この図のもう一つのポイントは10年前の新入社員との成長構造の違いにある（図13）。2010－2014年卒の場合、若手の成長構造はどうだったのか。

2019－2021年卒の新入社員と比較して（図12と図13を見比べて）大きく異なるのは以下の2点だ。

①仕事の関係負荷が成長実感にプラスにもマイナスにもなっていない。つまり、理不尽な指示が散々されても育つ人は育った。

②入社前の社会的経験が成長実感にプラスにもマイナスにもなっていない。つまり、学生時代にどんな経験をしていようと、入社したらそんなことは関係なくなっていた。

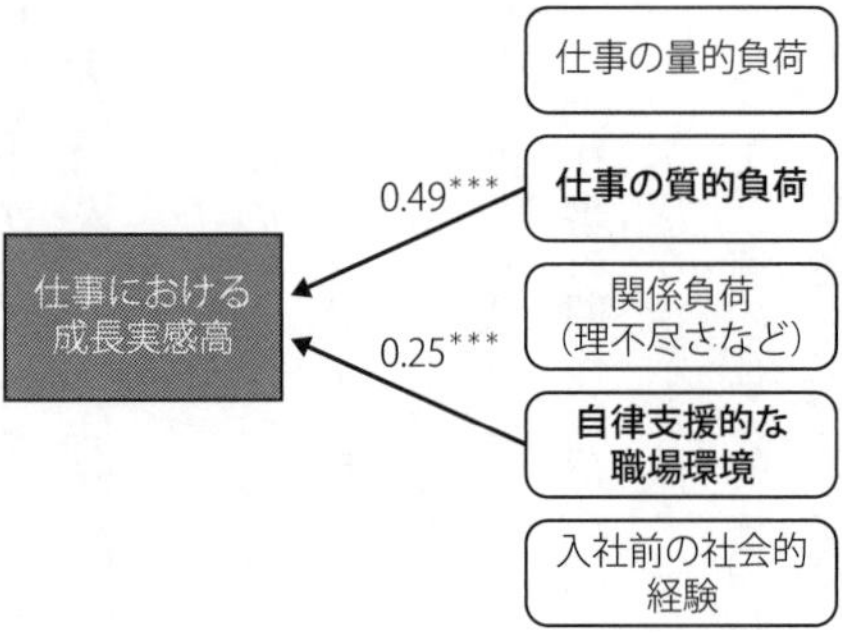

【図13】 2010年~2014年卒の場合

この①と②は、日本企業における若手育成の常識が転換したことを意味している。つまり、現代では関係負荷が高い状況は育成面ではNGであるが、10年ほど前までは多少上司が理不尽だろうが、上下関係が厳しかろうが若手は成長したのだ。さらに、入社前の社会的経験はかつて入社後のキャリアとは無関係だったが、現代の若手ではプラスに効果を持っており、これは入社前の段階で培った経験が入社後大きな意味を持つようになったことを表している。

2016年卒という転機

実はこうした検証を行っていくと、2016年卒以前と以降で断絶がある。2015年卒以前では多かれ少なかれ、仕事の関係負荷は高くても成長でき、また入社前の社会的経験は入社後の成長には無関係であった。他方で、２０１６年卒以降では、先述した直近の新入社員とほぼ同様の成長の構造がある。

筆者は、特に入社後の成長に入社前の経験が関係してしまっている状況について、こう考える。日本の職場がゼロから最大限まで若手を育てる力を徐々に失ったために、入社前の経験によって培われた若手の力（例えば自律的な行動姿勢や社会人としてのリテラシー、具体的なスキルを持っているかどうか）がその後の若者のキャリア形成に影響を及ぼしてしまっているのだ、と。

かつて日本企業がゼロから若手を育てる力を持っていた時代には、こうした結果は出ていなかったのだ。新入社員は〝白紙〟であるということを前提に、現場で、ＯＪＴでビシバシと鍛えぬいた。修羅場を経験させた。厳しく叱った。こうした職場における〝ゼロから始める〟育成においては、確かに入社前に何をしていようが「そんなものは学生のお遊びだ」と言い切ることができたのかもしれない。しかし、職場環境は大きく変わったのだ。もはや、こうした環境をこれまでのように作ることはできない。

また、もうひとつ、若者が学生時代に起こす社会的なアクションの頻度が上がっていたことも関係しているだろう。これまでの世代以上に、いまの若者は早くから社会と繫がり様々なアウトプットをしている。こうした経験を「学生のお遊びだ」と言下に切り捨てることは本当にできるのだろうか。とある大手企業の管理職が「最近の新入社員は、下手な社員よりも社会人らしいかもしれない」と言っていた。この背景には、増加し続ける学生時代の社会的経験の影響が存在している。入社時点でこれまでの世代ではできなかったような素晴らしい経験を持つ若者がいるのだ。

また、なぜ2016年卒に転換を迎えているのか、という疑問もあるだろうが、答えはシンプルである。2016年卒が就職活動をする頃に法律が変わり始めたからだ。具体的には若者雇用促進法が2015年に施行されており、これにより就活生に対して職場環境に関する情報開示が一気に進んだことは第一章で説明した。就活生に大きな影響を及ぼしたが、同時に職場環境を改善する圧力を企業側にかけることとなった。若者は企業を職場環境面で厳しくチェックできるようになり、また企業側も職場環境の改善に勤《いそし》しむようになる。こうした二重の効果が、日本企業における職場を変え、若者の成長構造を変えたのである。

難問の浮上

こうした若者の成長構造の変化が物語るのは、育成アプローチを根本から変えざるをえないということだ。職場環境の変化に若者側の多様化が組み合わさり、これまでの育成面での正解が正解ではなくなってきている。

第三章の最後に、現在の状況下での若者の育成について、考えなくてはならないポイントを改めて整理しておく。

・若手の多様性の広がりをふまえてどのように育成するのか。一律でなくそれぞれの志向ごとに有効な取組が異なるのではないか。
・仕事の関係負荷なく質的負荷だけをどう上げるか。通常、質的負荷を上げようとすると関係負荷も上がってしまうが、どのように切り離すのか。
・入社前の社会的経験が多い層は入社後も活躍しているが、離職率が高い。この問題をどう解決するか。
・入社前の社会的経験が多い層は自律的な行動姿勢があるためか、入社後も高い成長曲線を描いているが、他方で経験が乏しい層は以前よりも成長できなくなっている。入社前に〝大人化〟できていない若手に対して職場がどのようにイニシエーションの場を与えるか。

それぞれの難問について、以降の章で解決策を提起していこう。

[注]

1 リクルートワークス研究所（2021）「大手企業新入社会人の就労状況定量調査」。2021年11月実施。サンプルサイズ2680。対象：大学・大学院卒、就業年数3年未満、初職・現職が正規雇用者であり従業員数1000人以上の就業者

第四章

「ありのままで」、でも「なにものか」になりたい。入社後の若者に起こること

ゆるい職場で現れた、新しい若者の不安。この不安について思い当たる、若者たちの葛藤がある。

筆者は若者と、ランチを食べたりオンラインの場であったりで、彼らの仕事やキャリアの話を聞くことがしばしばある。夢があり希望があり、はたまた不安があり焦りがある。共感し議論をし、必要であれば相談にのったり、人や機会を紹介したりする。仕事柄、取材を受けることも多く、記者たちから若者の声を聞かせてほしいと言われることもあり、こうして話をした若者をメディアに紹介することもある。

しかし筆者が一方的に若者に何かを提供しているわけではもちろんなく、研究のインスピレーションにあふれる空間でもある。彼ら・彼女らの当たり前が時としてとてつもない含蓄を持っている。その中で、こんな話があった。

ある大手企業で営業職をしている入社3年目の女性社員。実は、学生時代に起業し、メディアに大きく取り上げられ一躍時の人になった。しかし、売上は思うように伸びず、経営は限界を迎える。仲間とも物別れに終わる。成功と挫折を経験し、経営を諦め現在の大手企業へ入社した。その女性は、ランチを食べながら将来の目標についてこう語った。

「いまは、軽やかに自分のスタイルに合わせて仕事をしていきたいんです。そして、社会に自分だけが提供できる価値を届けられるようになりたい」

あまりに違和感がない語り口で、何ら疑問を持たない方が多いかもしれない。この発言には、二つの矛盾したキャリア観が含まれており、しかしそれが相矛盾なくひとつの文脈で語られている点に特徴がある。この矛盾と合理性が、現代の若者の仕事の志向を体現している。

第四章では多様化する若者を、入社後のキャリア形成の実態から掘り下げて考える。多様化と言うと雲を摑《つか》むような話になってしまいがちだが、筆者はその多様性について、先ほどの女性の発言にも見られる二つの気持ちのバランスで表現できると考えている。「ありのままでありたい」と「なにものかになりたい」だ。

1　〝優秀な若者〟の研究

若者の悩みと希望

さらにいくつか声を紹介して解像度を上げていこう。

就職活動中の20代の女性から、こんな相談をメッセンジャーで受けた。「就職活動で会社をまわればまわるほど、自分にフィットする会社がわからなくなりました。働き方、待遇、理念、仕事、自分なりに考えていることはありますが、自分にフィットするかと言われると不安で情報を集めてもわからず、万策尽き果ててご連絡した次第です」。

大手金融機関に勤める20代の男性。「ずっと今の会社にいるつもりはないし独立したいと思っており、数年前から仲間と計画を練っているんです」と語っていた。しかし翌年会った際にはそんな素振りもなく、不思議に思い彼の独立計画について聞くと「いろいろ話を聞くと、コスパが悪いような気がしてやめました」。

2度の転職を経て現在は大手不動産の事務職をしている20代後半の女性。「転職先選びは見栄え重視だった」そうだ。「好きなことというよりは、『どこで働いてるの？』と友達とか先輩に聞かれたときに、言えば『あ〜!』と言われる会社を選びました」。「親も近所に自慢できてたし、親孝行」だと感じていた。しかし最近、「やりたいことを真剣にやるべきなのではないか」と悩んでいるという。

誰もが知っている超大手企業で「転職する若手がとても多い」という話を聞くことはもはや珍しくない。「このままだと、いつまでも自分の名前で仕事できないモヤモヤ感を抱えながら働き続けることになる」、そんな気持ちで職を転ずる若手の声をたくさん聞くことができる。大手企業で目の前の仕事に黙々と取り組む中で、SNSでかつての同級生が起業したり、副業で活躍をしていたり、メディアに出たりするのを見ることもある。そんなとき、モヤモヤ感は最高潮となる。

経済社会の急速な変化の中で、点描した若者の声は、〝逃げ切り〟が不可能だとわかっている中でもがいている姿である。

こうした中で、若者のキャリアづくりはどのように変わっているのだろうか。仕事に対する考え方や価値観について聞いていったところ、出てきたキーワードを2つのグループに整理できることに気がついた。

ひとつは「自分が良いと思ったものを大事にしたい」「〝ありのまま〟でいたい」といった意味の言葉、もうひとつは「なにものかに早くなりたい」という意味の言葉である。

1つ目の「自分が良いと思ったものを大事に」「〝ありのまま〟働きたい」。具体的にはこのように発言される。

「自分が好きな場所で働きたい」
「休みを好きなときに取れる職場で働きたい」
「自分が後悔なく仕事をしたい」
「30歳までには結婚したいのでそれができる仕事を」
「家族を優先するスタイルで仕事をすること」
「身近な人を裏切らない仕事」

こうした、自分が良いと思う仕事をありのままにしたい、という声である。ナンバーワンからオンリーワンへと言われ、〝個〟を尊重しようとする時代の中で、そのままの自分で、自分が良いと思うものを軸にして、自分自身のままに、といった価値観を大事にしながら就業しているスタイルが見えてくる。

もうひとつの「なにものかに早くなりたい」は、以下のような声だ。

「専門家になりたい」
「この職種で一人前になりたい」
「なにかの分野の第一人者になりたい」
「自分はこの道の人間です、と言えるレベルに」
「30歳までにほかの人にはない、大きな成功体験をしたい」
「今は修業期間だと思っている」

こういった、早く社会から〝いいね〟と認められ、求められるようになりたい、という声も多くの若手から聞くことができる。今はなにものでもない自分だが、社会の中でいつか組織ではなく自分の名前で、替えの効かないひとりの社会人になりたいという思いを持って仕事に臨むスタイルが見えてくる。同様に、「自分だけが、まわりから置いていかれる気がしてしまう」といった焦りの声もこういった意識と表裏の関係にあると言えよう。

若者のこうした2つの声、価値観は、ともに現代社会からの要請でありながら、同時に彼ら・彼女らの心の奥底から湧き上がってくる感情でもあると感じる。この「ありのまま」と「なにもの」、どちらが強いか、どのくらい強いかといったひとりひとりのバランスや気持ちの絶対値は異なるものの、両方の感情が共存していることが、現代の若者のキャリア観の基底をなしている。

矛盾する2つのキャリア観

こうした「ありのまま」と「なにもの」、この2つの言葉自体は、2010年代に流行した映画の楽曲や小説のタイトルなどにもなったように、盛んに訴求されている言葉であり目新しさはない。

「ありのままで生きていく」「好きなことで生きていく」といったストーリーは何度も発信され、また、若くして「なにものかになった」かのような無数の同年代の話も繰り返しシェアされている。若者にとって、当たり前の2つの価値観であると言えるかもしれない。

しかし、この2つのキーワードは、実は相互に矛盾する要素をたくさん持っている。

自分が良いと思うがままに働こうとすれば、「なにもの」かになるためには遠回りになるかもしれない。「なにもの」かになろうと思い最前線で必死に働きながら、自分が良いと感じたものだけを大事にし続けるのは難しいだろう。

おそらく、この「ありのまま」と「なにものかになりたい」は、二項対立ではなく、すべての若手社会人の中でグラデーションのように存在する要素である。

「30歳までに部長になりたい」という女子学生は、しかし一方でプライベートでもキラキラしたいと思っているかもしれない。地方へ移住してライフスタイルを追求した20代の男性が語っていたのは、「自分でないとできない仕事をしたい」であった。

こうした「ありのまま」と「なにもの」の間に、キャリア観の無数のグラデーションがある。さて、それではその仕事やキャリアの実際はどうだろうか。

インタビューから見えてきたのは、多くの若者が、ひとつの決まった解答が存在しないこのグラデーションの中で、自分の最適解を見つけるために〝情報過多〟に陥っているのではないか、という仮説であった。

情報が大量にタダで獲得できる世の中で、キャリアや仕事、ワークスタイル、ライフスタイルに関する情報が肥大化している。このことが、職業生活上のアクションを起こすことの足枷《あしかせ》になっている、ということはないだろうか。

例えば現代の若者にとって「あるある」な状況を想像してみよう。大手企業に入った20代後半の若手社会人がいる。優秀な大学を卒業しており、同期の繋がりなど様々なコミュニティも持ち情報のアンテナは高い。ある日ふとチェックしたSNSで、大学時代の友人が起業し、数億円の資金調達をした話がシェアされていた。この若者はこのニュースを見てどう思うだろう。おそらくこの〝情報〟を見て、起業に向けたアクションなどの行動に繋がる例は稀《まれ》ではないか。それどころか、「自分も起業に一歩踏み出そう」と思うケースすら稀かもしれない。多くの場合では、「いいね」を押してそっとSNSを閉じるだろう。そこで生じる感情は率直に言えば、焦り、不安、無力感、さらには嫉《しっ》妬《と》である。

また、こうしたケースもある。必要性を感じて社会人大学院に通おうとする。しかし、ネットで情報を収集していたところ、意味がないという意見の文章や「コスパが悪い」といったネガティブな評判を複数見ることとなり、思い直して通うことを止めてしまった……。行動を起こした個人を揶揄《やゆ》するような、「○○した人の末路」といったネット記事はいくらでも存在している（例えば「就職せずに起業した若者の末路」などの論調が存在する。現代社会は、何かをすることに対してネガティブな情報を取得することも容易である）。

情報だけが多くても展望は開けない

確かに情報化社会の中で、情報自体が極めて安くなっている。検索すれば出てくる情報はゼロ円で獲得できる。しかし、情報単体は、現代のキャリア形成にとっては、価値は大きくはないのではないか。

失敗した人の話をメディアで見ることで、何か現状を維持することにお墨付きを得たような気分になっていないだろうか。はたまた、「何がフィットするかわからなくなり万策尽き果てた」と言っていた就活生のように、甲論乙駁《おつばく》の情報の波濤《はとう》の中で、何が正しいかわからない状況に陥っていないだろうか。ＳＮＳやメディアの情報で流れる転職の成功、違う職場の良い情報が、現状への安易な否定に繋がってはいないだろうか。もしくは、転職したい、起業したい、と周りの情報に影響された闇雲な大きな目標が自分の現状との大きな段差となり、若者に絶望を生んでしまっていないだろうか。

正解なき、いや無数の正解がある時代に、若者のキャリア形成はこうした難しい状況を抱えている。特に、ゆるい職場のなかで若者にも自律性が求められるようになり、その流れは加速している。しかし、こうした中でも、自分ならではのキャリアづくりをしている若者が存在している。情報だけが多くても展望は開けず、職業生活における行動が重要な要素となっていることがわかってきたのだ。

検索すればすぐに出てくる仕事の情報や、他人のキャリアの成功談などが、キャリア形成にとってあまり意味をなしていない。つまり、現代においては、「知る」ことと「する」ことには大きな違いがあり、どちらか単独では意味をなさないのではないか。

この仮説に基づいて、筆者はかつて20代社会人2000人以上に仕事やキャリアについての調査を実施している（リクルートワークス研究所、2020、「若手社会人のキャリア形成に関する実証調査」）。その結果からは、若手における「4つのグループ」の存在が明らかになっている。説明していこう。

①職業生活の参考とした「情報」

まずは、職業生活の参考とした情報について、「参考にしていた」情報の割合は図1の通りだ。人からの情報とメディアからの情報に大きく分けられる。「職場の人との会話」60・0％など人からの情報を中心としながらも、インターネット上のニュース・ブ

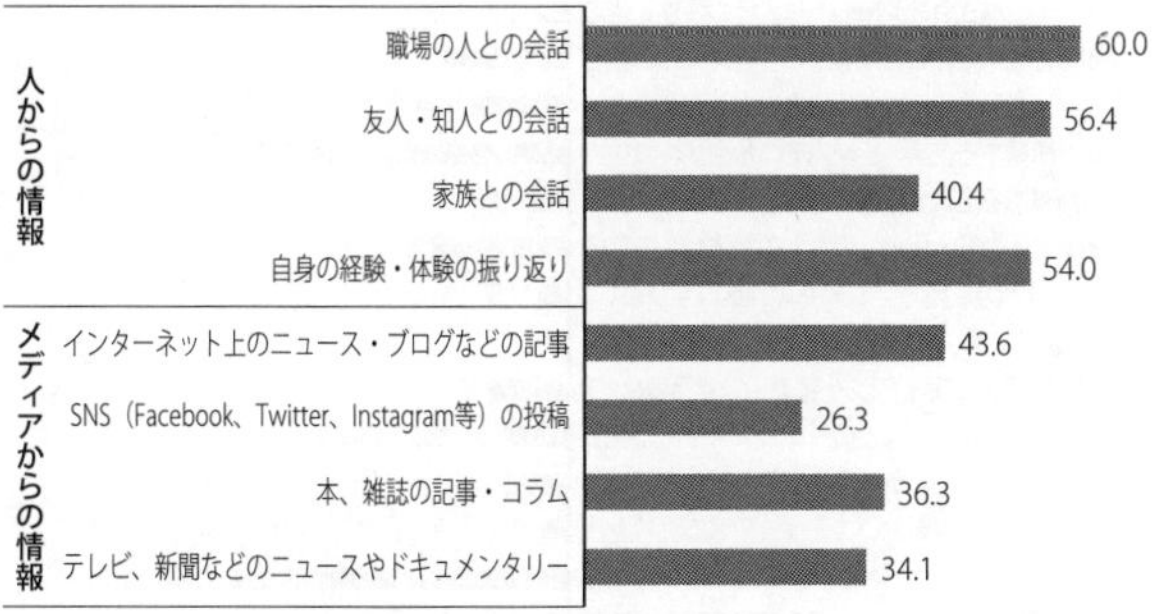

「就職してから３年目までに、次のような情報をどの程度キャリアづくりの参考にしていましたか」の質問において、「参考にしていた」「どちらかと言えば参考にしていた」と回答した者の合計。５件法。

【図１】職業生活の参考とした情報（%）

ログなどの記事は43・6%、SNSの投稿についても26・3%が参考にしていることがわかる。

②職業生活上の「行動」

職業生活上の行動面はどうだろうか（図2）。行動についてはいくつかの粒感で捉えられるが、まず〝実行したことがある・ないで他者に説明できる〟ような「経験した行動」について見る。比較的高いものでは例えば、「転職」は25・4%、「所属する企業・組織内での勉強会への参加」では24・0%となっている。他方、「株式会社やNPO、法人等の設立・起業」は2・9%、「大学、専門学校等への通学（学び直し）」は2・3%と

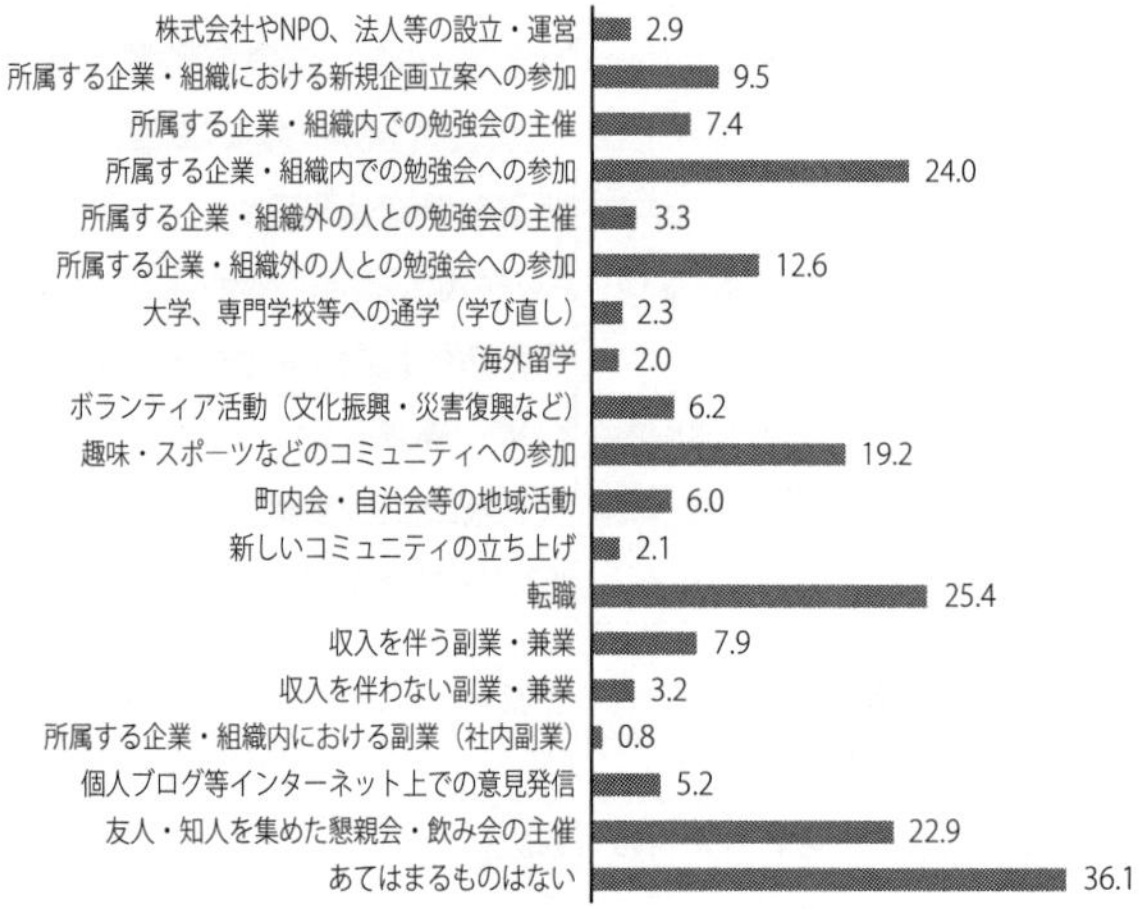

【図２】就職以降に経験したことがあること（％）

低い。全体として20％を超えている項目は転職、社内勉強会参加、そして飲み会等の主催のみであり、最多の回答はむしろこのどれも行っていない（「あてはまるものはない」は36・1％）結果となっている。

つまり、3分の1以上の20代社会人が、就職後にこうした経験全てについてしたことがない。

行動については、経験したか・していないかではなく、その積極性についても聞いている（図3）。業務内での活動（「業務上の失敗経験」60・0％など）や社内での学習（「職場における研修や教育プ

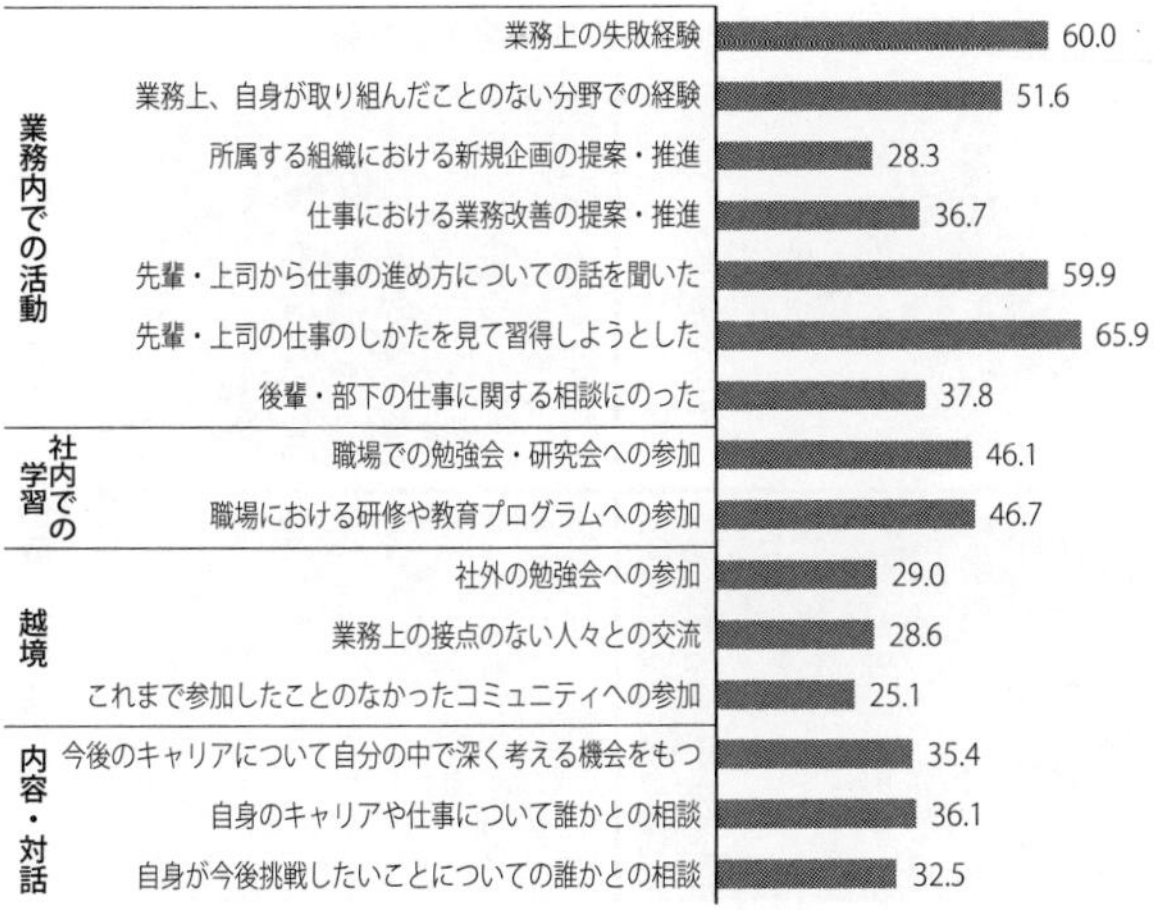

※「以下のような活動についてどの程度行いましたか」の質問において、「非常によく行った」「よく行った」と回答した者の合計。５件法。

【図３】積極的に行った職業生活上の行動（%）

ログラムへの参加」46・7%など）については積極的に行っている者が比較的多い。他方、社外でアクションをするような越境（「業務上の接点のない人々との交流」28・6%など）については、積極的に行っている者が少なくなる傾向が見られる。

また、業務内での活動においても、「所属する組織における新規企画の提案・推進」（28・3%）などでは積極的に行った者は少数となる。

自身の業務内でできる一部の行動を除く多くについて、多くの若手社会人が積極的には行っていない。

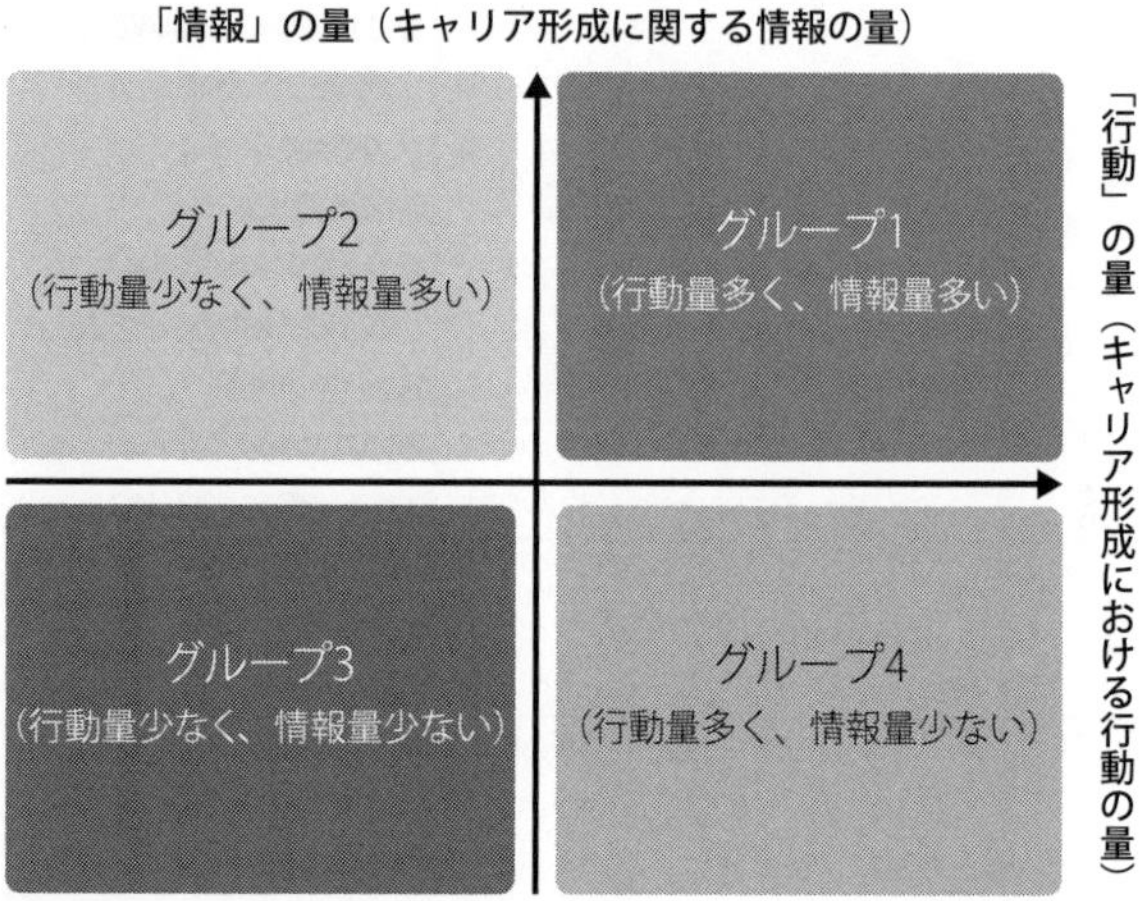

【図4】行動と情報に関する４つの分類

さらに深掘りするために、若手社会人の職業生活上の「行動」と「情報」の状況を組み合わせて見てみよう。聴取した行動の量と情報の量を2軸とし、４つの分類を形成した。

各グループに所属する若手社会人の数について、この調査からは、グループ１は20・３%、グループ2は30・１%、グループ3は46・２%、グループ４は３・４%であることがわかった。

行動がキャリアをつくる

こうした４つのグループはどういったキャリアの状況にあるのだろうか。現状を多面的に知るために以下の４つの指標

	①自身のキャリアの展望	②キャリア自律性	③仕事に対するエンゲージメント	④自社への愛着度
グループ1	+0.64	+0.52	+0.5	6.3
グループ2	−0.03	+0.02	+0.02	5.4
グループ3	−0.34	−0.33	−0.31	5.0
グループ4	+0.24	+0.27	+0.27	5.7

【図5】グループ別のキャリア指標[*1]

で俯瞰《ふかん》してみよう。

①自身のキャリアの展望
②キャリア自律性
③仕事に対するエンゲージメント
④自社への愛着度

①〜④すべての指標で同様の傾向が観測されていることがわかる。

・グループ1が最も高い
・グループ3が最も低い
・グループ4が2番目に高く、グループ2は3番目に高い

キャリアの状況について多角的に見ることのできる複数の指標で、こうした共通の結果が得られたことからは、「行動－情報モデル」による4つのグループ分類が若手社会人のキャリア形成において強い説明力を有していることを示している。

行動と情報の量の両方が豊かなグループ1が飛びぬけて高いことは当然であり、両方が乏しいグループ3が最も低いことも当然と言える。ただ、グループ2とグループ4という行動と情報の状況で対局にある2者で、行動の量だけが多いグループ4のほうが情報の量だけが多いグループ2より高いスコアを示したことは、現代の若者のキャリア形成において「行動」が持つ意味が大きいことを示唆する。

情報化社会だからこそ、一歩の行動の価値が高まっているのだ。逆に言えば、検索すればすぐに出てくる仕事の情報や、他人のキャリアの成功談だけでは、豊かなキャリアをつくることは難しいのだろう。

4つの実像

こうした結果からは、一概に「若者」「若手社会人」と言っても、その実、全く状況の異なる4つの特徴を持った集団が混在していることが見えてくる。実像を描いてみよう。

●グループ1（行動量が多く、情報量が多い。キャリアの指標が高い状況にある）

グループ1は全体の20・3％存在している。想定されるのは、既に一歩踏み出し、情報の海の中で自分にとって必要な情報を抽出している姿である。数多《あまた》の情報から必要なものを得るために、自分が経験した行動が〝軸〟として必要になることがある（よく「原体験」などと表現される）。こうした行動と情報の循環が、キャリアのポジティブな状況に繋がっていると推測される。

こうした層の若者はキャリア自律的な状態にあると言えるが、身の回りに自分の状況に近い過去を持つ上司・先輩が少ないため、ロールモデルが不在となり、濃い霧の中を走り続けているような状況にもある。

【グループ1のペルソナの例】

・企業の一員として働きつつ、社外のコミュニティでも積極的に活動する〝浮いた〟存在
・ゆくゆくは個人の名前で活動したいと思っており、出来ることから準備をしている
・自分のことは自分で決めたいが、何かする際には誰かに背中を押してほしいと思っている

●グループ2（行動量が少なく、情報量が多い。キャリア指標は3番目の水準）
グループ2は30・1％と3人に1人ほどがこの状態にある。情報のアンテナは高いが一歩踏み出せない、そんな状況にある若者が像として浮かんでくる。情報は入ってくるため、人の話やSNSなどを見聞きして焦ることも多く、「ないものねだり」の状況に陥りやすい。かつては青い鳥症候群とも言われた。こうしたことから、行動量が多く情報量が少ないグループ4よりもキャリア指標が低いことが考えられる。

【グループ2のペルソナの例】
・現在の職種よりも違う職種が向いていると思いながら日々仕事をしている
・SNSなどで活躍している同年代の知人に「いいね！」をつけつつモヤモヤしている
・情報を集めすぎて、何が正解かわからなくなってしまう

●グループ3（行動量が少なく、情報量が少ない。キャリアの指標は最も低い）
グループ3は全体の46・2％と半数近くを占め各グループの中で最も多いが、狭義の「安定志向」と言えるグループだ。自分のキャリア形成自体にあまり関心がなく情報を得ておらず、このため行動を起こすこともない。入社した会社でゆっくりと過ごしてい

きたい、という像が感じられる。

【グループ3のペルソナの例】

・〝成長やキャリアを考えること〟は、自分とは別の世界の人がすることだと感じている

・何事もなければ今いる会社にずっといるんだろうな、となんとなく思っている

・仕事以外にやりたいことがあり、そちらの邪魔にならないような仕事を選んだ

●グループ4（行動量が多く、情報量が少ない。キャリアの指標は2番目に高い）

グループ4は全体の3・4％と少数派である。現代においては情報の獲得は格段に容易となっているため、行動の相対的な獲得コストが上がっていることから、行動だけすることは難しく、少数となったと考えられる。ネット上や仕事でも〝内輪のノリ〟であっと驚く行動をしてしまうような若手が想定されるだろう。世間の常識と離れた部分があるため、大きな失敗をすることも多い。ただ、キャリアの指標は、情報量だけ多いグループ2より著しく高く、情報量より行動量がキャリア形成にとって重要となっていることも示唆している。

【グループ4のペルソナの例】

・YouTubeやSNSで盛んに発信しているが、自分のコミュニティの外の話題には無頓着である

・周りから、「無鉄砲」「何かを始めそうな面白いやつ」と言われることが多い

2 スモールステップで動き出す若者たち

育成の主語の転換

さて、若者の職業生活について、状況が異なる4つのグループが存在していることがわかった。こうした多様化が進行している背景にある、大きな理由のひとつに「ゆるい職場」の影響が見え隠れする。かつての職場においては、若者をゼロから、職場における長時間・高負荷の業務を通じて付与されるOJTによって育成してきた。この育成方法にはある種の公平性があるとも言える。つまり、どんな若者であっても、職場という空間において社会人として育て切る、という〝常識〟があった。しかし現在、職場における負荷が下がらざるをえないなか、職場だけでかつての水準まで若者を育てることは

難しい。つまり、かつてあった「会社が若者を育てる」という常識が限界を迎えている。この際に起こるのは、「若者が会社を使って育つ」という主語の転換である。

企業が若者に提供していたある種の公平性が後退し、若者が自分で育つ時代には、若者自身のアクションによって職業生活に多様性が生まれる。こうした背景が、４つのグループで示したような、若者の多様性をつくる大きな潮流になっているのではないか。そして、入社時点ですでに差異が生まれているとデータで示したが、この差異は入社後さらに広がっていくのだ。

小さな行動から始める

若者が４つのグループのどこに所属するかは、固定的なものでなく、もちろんどんどん変わりゆくものだ。この場合の変化として特に重要なのが、グループ２や３からグループ１への変化、つまり若者はポイントとなる「行動」をどう増やすのか、という点である。そこでこの点を調べると、ある特徴があった。

職業生活における行動の重要性を論じてきたが、キャリアを直接変えるような大きなアクションとは別に、日常に潜んでいる小さな活動・行動が観測されている。そして、その小さな行動が大きなアクションを惹起していたことがわかっている。例えば、4グループ分けの行動の量のデータでも用いた、「越境」というアクション（社外で勉強会を企画した、企業横断のコミュニティに参加した等）を題材にとってみよう。

越境アクションを積極的にしている若手社会人はそれほど多くなく、図3のデータでは「社外の勉強会の参加」が29・0％、「これまで参加したことのなかったコミュニティへの参加」は25・1％であった。多くはないために、難易度は高いがその重要性も高いと言えよう。この越境という大きなアクションを起こせている若手社会人は、過去に助走のような「小さな行動」をしていたのだ。

分析結果を示した図6からは、いくつかの重要な事実が浮かび上がってくる。

・過去の小さな行動が現在の越境を促す効果がある
・過去の越境ではなく、小さな行動がキャリア観（キャリア自律性等）に大きな影響を与えている
・過去の小さな行動はキャリア観の変化を通じ、現在の越境を強く促進している
・過去の越境は、小さな行動の影響を考慮すると、現在のキャリア観に影響を与えてい

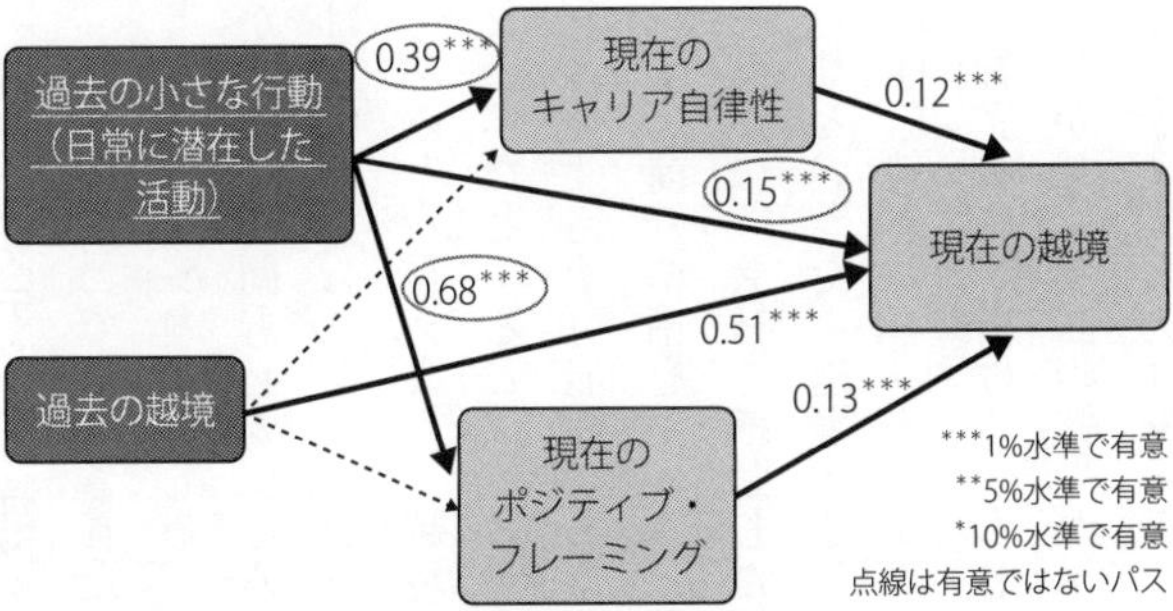

出典：古屋星斗「若手社会人の越境実施への自社における活動の影響
――ポジティブフレーミングを媒介として――」『経営行動科学』第33巻第１・２号より筆者作成

【図６】「小さな行動」に関する分析

ない

・つまり、過去に越境できていた人が現在もできていることは当たり前だが、小さな行動で〝逆転〟が発生している

この結果からは、小さな行動が、その後の越境という大きな行動に対してポジティブな効果を持っていることが示されている。

言い換えれば、若手社会人にとって誰もがすごいと思う大きなアクション、例えば「越境しているかどうか」が重要なのではなく、「小さな行動ができているかどうか」が大本の分かれ道となっている可能性があるということだ。

スモールステップの特徴

筆者はここで発見された若者の「小さな行動」の重要性に注目している。越境にしろ、どんなアクションにしろ、職業生活を直接変える力があるアクションには大きな労力がかかる。時間も必要になるし、お金も必要になるかもしれない。周囲を説得しないといけないかもしれない。実行までのハードルが高いからこそ、稀少性が高く効果が直接的であるとも言えよう。越境はだからこそ、3割未満の若手社会人にしか取り組まれていない。だとすると、若者がキャリアを変えるためにはどうすれば良いのか。立ちすくむ若者を変える可能性があるファクターが、この「小さな行動」によってそのハードルを越える前の準備をすることだと考えられる。

確かに、会社を横断した活動をしたり、副業をしたり、様々なコミュニティで行動したりといった「越境すること」のような大きなアクションは、目に見える行動であり、耳目を引きやすい。さらに、その行動の内容は、SNSのプロフィールに書けるし、職務経歴書にも書けるかもしれない。

しかし、今回の結果が示唆しているのは、そうした耳目を引くような行動だけにキャリアを変える力があるのではなく、その前の目立たない助走のような小さな行動に、実は大きな力があったという事実である。

行動をするかどうかはもちろん重要であるが、分析の結果をふまえて、より正確に言い換えよう。「小さく段階を刻むような行動ができるかできないか」が若者の鍵となっている。この小さな段階を刻むような行動を、「スモールステップ」と呼びたい。

アクションと性質

若者のキャリアを変えるファクターと考えられるスモールステップについて例を挙げておく。調査において表れていたのは例えば、以下のような小さなアクションであった。

・やりたいことはみんなに話してみる：自分が挑戦したいこと、思っていることを知人・友人に話して、伝えること。自己開示すること。
・初対面の人とも積極的に会う：自分が日々接している人々だけではなく、全く付き合ったことのない人々とコミュニケーションすること。小さな他流試合をすること。
・友達に誘われたイベント等に行く：自分が自発的に実施する・参加するものだけでなく、他者の誘いの機会を利用して行動をすること。〝他律〟からはじめること。

・LINEやメッセンジャーなどで目的に合わせたグループをつくる：その場でスマホで数秒あればできる小さな行動であり、今すぐできることを厭《いと》わずやってみること。

若者が成長するための重要要素となる、スモールステップは以下のような性質を持つと考えられる。

性質1：目標が明確でないときでも起きる（しかし目標明確化後に役に立つ：潜在学習性がある）
性質2：必ずしも自律性は求められていない
性質3：それ自体では承認欲求など高次な欲求は満たすことができない
性質4：実は普通に行われているものであるが意図して行う人は少ない

夢や目標を持つことももちろん重要だろうが、性質1を考えれば、今自分ができる一番小さな行動をする、ということは目標が明確でない若者にとっての第一歩になりうる。その第一歩については、性質2から、過剰に自律性に依拠する必要はなく、他者から誘われたり会社から指示されたことでも起こりうる。しかし、当然だが、小さな行動自体はそもそも誰にでもできるようなことであり、それを実行したことをSNSなどで自慢をしたり、職務経歴書に書くことはできない（性質3）。ただ、普通に行うことができるアクションだからこそ、実は意図的に実行する人は少ない（性質4）。

小さな行動、スモールステップの利点はたくさんあるが、大きく3ポイントにまとめることができるだろう。

小さく始めることでリスクとコストを限りなくゼロにすることができる。ハードルが高いと感じるような大きなアクションは時間も勇気もいるし、会社の許可が必要なケースもあるかもしれない。しかしスモールステップにはそうしたリスクとコストがほぼゼロである。

また、小さく始めることで短い期間にたくさんのことを試すことができる。何が正解かわからない、何が自分にフィットしているのかわからない中、小さく試して大きく育てることの有用性はイメージできるだろう。

最後に、すぐにできないようなことではなく、今できる一番小さな行動に目標を絞ることができる。若者が夢や将来の目標に囚われすぎて、自分が行っていることの意味がわからなくなったり、情報を集めすぎて茫然《ぼうぜん》とすることなく、ごくごく身近で今できる行動にエネルギーを集められるのだ。

実践5要素

若者のスモールステップについて、彼ら・彼女らがどのようにキャリアを変えていくのか。分析すると、5つの要素に整理できる（図7）。簡単に触れておこう。

①自分のやりたいことをアウトプットしてみる

自分のやりたいことを人に話すことやSNSを用いて発信することは、簡単そうで実は多くの人が行っていない行動だ。調査によれば、SNSの利用法として、「新しく取り組みたいことの発信」を積極的に行っている若手は、仕事上・業務外ともに20％前後に留まっている。そんな中、こんな話がある。

・Aさん（22歳・女性・教育関係）は、SNSで自分がいつかやってみたいと思っていることをどんどん書き込んでいる。もちろん、そのうちの多くは何の進展もなく単なるつぶやきに終わってしまう。しかし、例えばカメラマンの仕事を始めたいという発信には、「こんな素敵な撮影スタジオがあるよ」というコメントが付いたり、「クラウドファンディングで機材調達資金を集めてみたら」というアドバイスがあったりした。これがきっかけとなって、撮影スタジオの社長に会い、さらに機材も調達してカメラマンとして仕事をするようになった。

②背中を押して貰い、パワーを貰う

何か新たなアクションを起こすことは、当然エネルギーがいる。体力的にも精神的にも疲れてしまう。このエネルギーを調達する方法がある。

・Bさん（25歳・女性・営業職）は、何か新しいことを始めようとする際に、「必ずそれいいじゃん！　やってみなよ、と言ってくれる人」のところに相談しにいく。具体的なアドバイスやノウハウ、ネットワークを教えてもらえるわけではない。しかし、自分が動き始めるために、動き始めた後に大変なことがあっても、その一言を思い出すことで、力をもらえる気がするそうだ。最近では、だんだんと「やってみなよ」と背中を押してくれる人が増えてきて、「3人くらい確保」しているという。

③目的をもって探ってみる

最初にやれることとして、情報検索は最も手っ取り早い手段となる。ただ、あふれる情報の中で、単に模索しても迷いが深まるだけである。情報化社会であるからこそ「自分探し」は難しくなっているのである。ただし、目的をもった探索は、コストゼロでいつでもできる小さな行動になりうる。

・Cさん（29歳・男性・人事）は、これまで採用の仕事をしてきたが、少し異なる領域の人事制度設計の勉強をするために、関連するイベントをSNSで探し予約した。

・Dさん（27歳・女性・営業職）は、ボランティアをしたいと思い、ネットで調べたところ、自分の家の周りにも多くの活動している団体があることを知った。

④試しにやってみる

実際に自分ができるかどうかは誰にもわからない。そう、やってみないとわからないことはこの世の中にたくさんある。これを知る方法は少しでいいので試してみることだ。

・Eさん（28歳・男性・イラストレーター）は、接客の仕事をしていたが、やってみたいと思っていたイラストレーターに転職しようとした。職探しの際、必須スキル欄に見

①自分のやりたいことをアウトプットしてみる	自己開示 Disclosure
②背中を押して貰い、パワーを貰う	エネルギーを受け取る Encouragement
③目的をもって探ってみる	目的のある探索 Search
④試しにやってみる	試行 Try
⑤体験を自分のものにする	内省・振り返り Introspection

【図7】若者のスモールステップ実践の５要素

慣れないデザインソフトの名前を見つけた。触ったこともなかったが、体験版が1カ月無料で使えることに目をつけ、ダウンロードして動かしてみたところ、何とかできそうだったため、面接の日までに習得し実技試験を通過した。

⑤体験を自分のものにする

小さな行動を繰り返し、いろいろな世界を知っただけで終わってしまってはもったいない。それを自分のものにするという行動が、最後のポイントである。

・Fさん（25歳・男性・企画職）は、興味のあることをまずやってみることに抵抗がなく、本業の仕事以外にも小さく様々なことを始めていたが、「これだ」と思うものを見出せずにいた。その中で、やってみて思ったことを書き留めて振り返る習慣をつけようと、思ったことをノートにメモして整理するようにしたところ、自分が好きになることとの共通の法則のようなものを発見した。

ゆるい職場とスモールステップ

ゆるい職場においては、企業がかつてのように若者を100％育て切ることはできない。このため、若者が自分で自分を育てる部分が相対的に大きくならざるをえないが、キャリアを変えるような大きなアクションを初めから誰しもが実行できるわけがない。特に現在、行動の量が多くない若者にとっては尚更だ。情報の量だけが多い状態から行動の量も増やしていこうとする際に、小さな行動、スモールステップの頻度が高まることで、現代の若者は変化しているのだ。それは若者が様々な状態にあるなかでも特に、「自分はもっと活躍できるのではないか」「この職場で大丈夫だろうか」と不安を抱える若者にとって次の一手の指針になる。

ゆるい職場において若者に求められる自律的なキャリアをつくるための行動は、何も転職をしたり副業をしたりといった大それたアクションのみを意味するものではなく、日常空間の中から準備運動のような小さな行動をしていく、その頻度を高めることから始まっているのだ。

［注］

1　①自身のキャリアの展望：キャリアの見通しや満足感について5件法で聞いた9つの質問について因子分析を行い、得た2つの因子をその特徴に応じて定義したもののうちキャリアの見通しに関する因子スコア。スコアが高いほど、自己のキャリアに対する展望が高い
②キャリア自律性：キャリアを自分の価値に基づいて決めているか、自己決定できているかについて5件法で聞いた複数の質問について因子分析を行い、得た2つの因子をその特徴に応じて定義したもののうち自己決定に関する因子スコア。スコアが高いほど、キャリアの自己決定感が高い（武石、林、2013）
③仕事に対するエンゲージメント：仕事への意欲や集中度合いについて7件法で聞いた質問について因子分析を行い、得た2つの因子をその特徴に応じて定義したもののうち仕事への意欲に関する因子スコア。スコアが高いほど、仕事への意欲や集中度合いが高い。
(shimazu, et al. 2008)
④自社への愛着度：「自分の勤めている企業で働くことについて、家族や親しい友人・知人にどの程度すすめられるか」を10点満点で聴取したスコア

第五章　若者と職場の新たな関係

1　定着させることが本当の目的なのか

ここまで職場、そして若者の話をしてきた。次はゆるい職場の時代の若者と職場の関係について考えよう。その関係性を考えるうえで、まずはケーススタディとして次の事例を読んでほしい。


あなたは大手企業のとある事業部の企画課課長。

ある日、26歳のAさんが緊張した面持ちであなたのそばに来て言いました。

「課長、少々お話があるのですが、夜帰る前に時間頂けますか」


夜。

どうやらAさんは転職を切り出そうとしているようです。

若手有望株として本人の希望に沿って企画部門にきたAさんに辞められることは、あなたの評価にも関わりますし、会社にとってもマイナスです。

「やりたいことがこの会社ではできないんです」

……1ヵ月後、Aさんの送別会の場であなたは振り返ります。

「Aさんを翻意させられる可能性はあったのだろうか？」

翻意させる手は、あったのだろうか。すでに様々な手を試したが……という、日々奮闘・苦闘する管理職の声も聞こえてきそうである。

このケースにごくごく似たことが今日も日本のどこかで起こっている。しかし、最終的に転職を翻意した若者のケースはそのうち何割、いや何%あるだろうか。

かねてより、日本人は店で良くないことがあっても黙っている良いお客様だと思われてきたが、その実、〝黙って来なくなる〟〝その場では何も言わないだけ〟の難しい客であると言われるようになってきた。職場においてもこの姿勢は踏襲されているのか、「黙っていていきなり辞めると言い出す」のが伝統的な日本の退職スタイルである。既に転職先を決定した状態で「課長、少々お話があるのですが……」と来るため、翻意させることは容易ではない。

同時に、ゆるい職場において厄介な問題が起こっていた。「若手で職業生活を自律的におくるパフォーマンスが高い若者ほど、退職する意向が強い」のだ。厄介な、若手離職の現状。ここではその打開策を考えよう。ポイントは、「若者と職場の新しい関係性」である。

離れ小島に囲い込む

日本を代表する超大手企業の花形部門で働き、社内で数々の革新的な取り組みを行ってきたとある20歳代の社員は、自社のことを「離れ小島」と揶揄していた。外の世界から遮断され、組織の内側の話だけで一日が終わっていく。そんな人材が囲い込まれた様子を、彼は情報が入ってこない孤島、離れ小島に例えていたのだ。予想外の言葉に、思わず何と言ったのか聞き返したほどだ。

あなたの会社はどうだろうか。ほとんどの会社は、社員に自社へ愛着を持ってもらいたい一心だろうし、彼ら彼女らを囲い込んで情報を制限しようとは全く思っていないだろう。ましてや若手から「離れ小島」と思われているなんて考えたこともない会社も多いはずだ。

ただ、名の知られた大手企業から、「優秀な若手が何も言わずいきなり辞めていく」「昨年の20代退職者が過去最多だった」「年収が数百万円下がるのに、若手がスタートアップ企業に転職していく」といった悲鳴のような声をたくさん聞いている。

企業側としては、人手不足、若手採用難のさなか、必死に採用した若手に辞められてはたまらない。そこで、若手の離職を回避するためのリテンション施策に今、大きな注目が集まっている。

社内メンターの設置や、希望部署の聴取と配属、抜擢人事、社内副業、全社でのイベント開催、そして社員向けの福利厚生の改めての充実まで、施策の幅は広い。ところがこうしたリテンション策は、「会社に愛着を感じてもらいたい」と口では言っていても、「人材の囲い込み」としての色合いが濃く、社内との接触を増やして社外との関わりを減らすことで離職を防止しているように見える。

副業・兼業を解禁する企業も増えつつあるが、経団連会員企業のうち約半数は、副業・兼業をいまだに禁じている。[*1] また、日本の大手企業は生え抜き文化も根強く、幹部には新卒でその会社に入った人が就いていることが多く、採用においても大企業は正規社員採用の6割以上を新卒採用で入れている。[*2] 転職が一般化したとはいえ、終身一社、

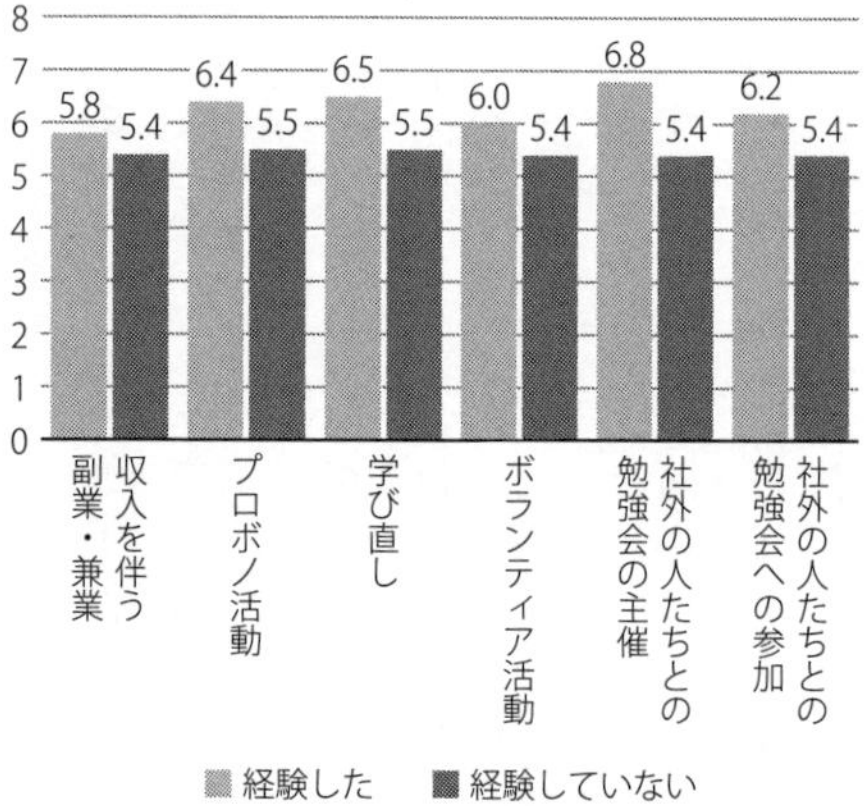

※「プロボノ活動」は職業上の技能・知見等を生かしたボランティア、無報酬の副業・兼業。「現職企業の評価点」については、NPS（家族や知人・友人にその会社で働くことを勧められるか）を使用。10点満点。

【図１】「現職企業の評価点」と「社外での活動の経験」

「武士は二君にまみえず」で、自社の外の世界を見たことがない先輩社会人が多い状況には変わりがない。

社外活動の効用

しかし、外の世界を見せないことは、本当に自分が働く会社への愛着や忠誠心、エンゲージメントを維持し、高めるのであろうか。

実際には真逆である可能性がある。20歳代の若手社会人２０００人以上に対して行った調査結果からは、興味深い事実が浮かび上がってきた。（リクルートワークス研究所、２０２０、若手社会人のキャリア形成に関する実証調

査）

まず、社外の活動が自社への評価にどう作用するのかを調べてみよう。様々な「社外での活動経験の有無」と「会社に対する評価」の関係を整理するべく比較した（図1）。例えば『収入を伴う副業・兼業』を経験した若手（5・8ポイント）は、経験していない若手（5・4ポイント）より自社（現職企業）への評価が高い。無報酬の副業・兼業（プロボノ活動）、学び直し、ボランティア活動、社外勉強会の主催・参加といった社外活動の経験の有無で比べるとすべての活動で、「社外活動を経験している人の方が、会社への評価が高い」という傾向が出ている。

さらに、社外活動の頻度と自社への評価点の関係性を見てみよう（図2）。

現職企業の評価点が高い若手は、社外活動スコアが高いことがわかるだろう。例えば、自社に対して10点満点をつけている若手は、社外活動スコアが＋1・62ポイントと高頻度、6〜9点をつける若手についても＋0・30〜1・04ポイントと社外活動の頻度が上昇していく。一方で、0〜3点を自社につけた若手は、社外活動スコアが－0・70〜－0・46ポイントとなっており、低い。「社外活動をしている人は、自分の会社が好き」

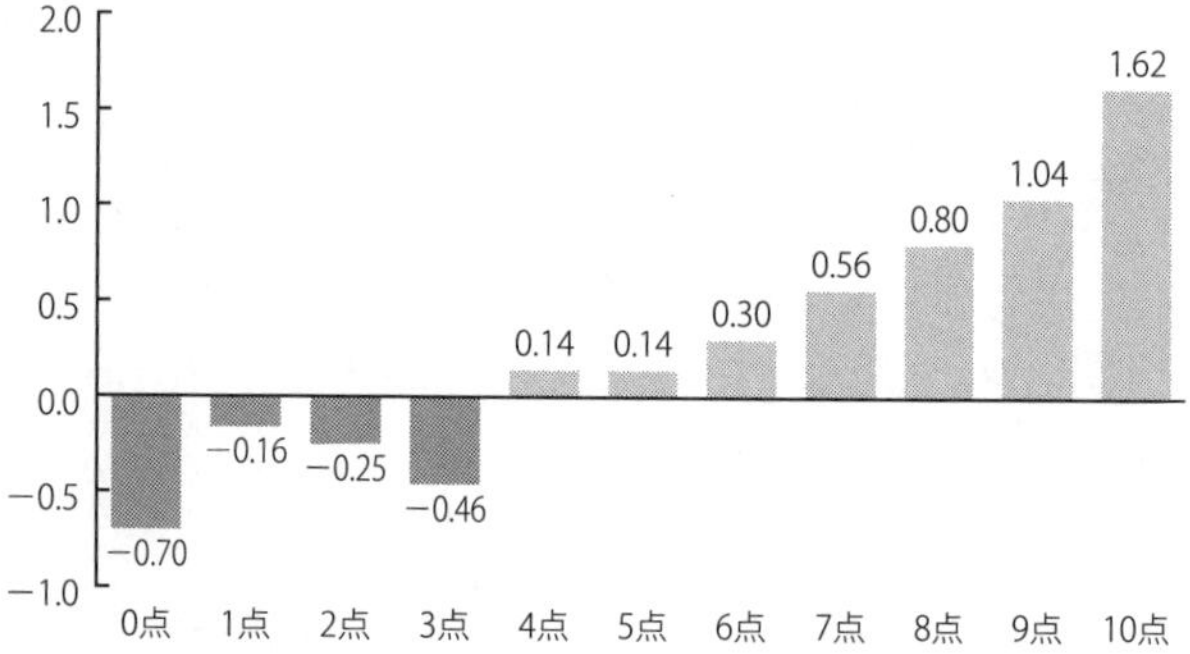

「社外活動スコア」は、社外の勉強会への参加、業務上の設定のない人々との交流、これまで参加したことのなかったコミュニティへの参加の実施頻度に関する回答を得点化した

※縦軸は社外活動スコア、横軸は現職企業の評価点

【図２】「現職企業の評価点」と「社外活動スコア」

という傾向が見られるのである。

（なお、上の図では「社外活動と企業評価の関係」をより明確にするため、〝過去の社外活動スコア〟と〝現在の企業評価点〟を比較し、転職をしていない若手に限定して集計している（N＝１４０７）が、現在の社外活動スコアと現在の企業評価点を比較しても全く同様の傾向となる）

　さて、この結果の意味することはとてもシンプルだ。

「他社と比べて初めて、自社の良いところがわかる」。

　比べることで初めて長所を知り、短所を許せるようになることは、ショッピングでも恋愛でも同じ。人間の〝当たり前〟である。また、「自分がやりたいと思った社外活動を認めてくれた」こと、会社が自分の挑戦を後押ししてくれた信頼感から、「会社に対して本気で貢献したいと思った」と私に語ってくれた若手社会人もいた。「会社が自分のことを応援してくれている」と感じたことで、個人と会社のギブアンドテイクの循環が回り出す。これこそ、新しい個人と会社の関係の芽吹きではないか。

また、外から自社を客観的に見ることで、自社の強みを再確認することもある。研修の一環として全くの異業種に出向していた若手の話もある。異業種であるため、当然経験したことのない仕事に直面し、自社を頼ってアドバイスを求め、今まで注目もしていなかった部署に、素晴らしい人材やノウハウが存在することに気が付いた。「自分の会社に、異業種の専門家をもうならせるようなスペシャリストがいるとは思わなかった」そうである。外での活動がもたらした視点は、自社の見方をも変える力がある。

ただし、残念ながら、社外活動を経験した若手について分析すると、転職率が上がっていることもわかった。同調査によれば、新卒者の入職3年以内の離職率は、社外活動をした若手は26・0％と、経験しなかった若手の16・1％よりほぼ10％もポイントが高い。

改めて、「外を見て、自社のことが好きになるが転職率が上がる」ことを良しとするか否かは、今後の職場と若者の関係を占う分かれ道だと言えよう。

転職がなくなるとき

こうしたなかで、若者側にも全く新しい動きがある。

現代における転職というキャリア・トランジションの多くは、「100%のA社→100%のB社」という移行である。例えば、「3月末までA社の正社員で、4月1日からB社の正社員」という、今日の一般的な形式といえるだろう。

しかし、この移行形式は、企業・個人にとって大きなリスクを伴っている。転職希望者にとって知りたいが知りえない情報では、「配属される部署の雰囲気」「レポーティングラインの上司や部下の特徴」「キャリアパス」の3点が大きな要素として存在する。*3この3点については、働く前に知ることが困難である反面、逆に言えば特に前の2点については働けばすぐにわかる要素でもある。そして、現在の100%フルコミットから100%フルコミットへの転職ではこのギャップは埋めることが難しい。

企業にとっても同様のリスクがある。せっかく多額の採用コストをかけて採用した人材がすぐに辞めてしまう。辞めなくとも、想定していた活躍ができない、といったケースもあるのではないか。このために、中途採用に対するハードルが不必要に上昇し、必要な職種の人材が充足しないまま業務が特定の優秀な人材に集中し、結果としてその優秀な人材が辞めてしまうという悪循環にも陥りやすくなる。これは、100％フルコミットからの100％フルコミットへの仕事の移行である、現代の「転職」の特性に伴うリスクである。

このように、現代のキャリアチェンジで主流の方法である「転職」は、個人・企業の双方にとって難しさを抱えているが、そのようなリスクを軽減しようと試行錯誤が始まっている。次世代の仕事の移行の在り方は、所属組織に対するコミットメントの比率を下げて、別の活動にコミットし、その後にコミットメントの割合を移す形態をとるのではないか。

これを転職に変わる新たなキャリアチェンジ方法、「コミットメントシフト」と名付ける。

主な事例を整理した（図3）。この中に様々なコミットメントシフトの実例を盛り込んでいる。Ａ・Ｂはコミットメントの水準を移し替えて最終的に現在の転職と同様の仕

	原職	移行の形態	
A	大手メーカーのコーポレート職	現在の雇用契約を維持しながら、医療系スタートアップにおいて業務委託契約を結んで原職勤務終了後や休日に従事。雰囲気などが気に入り、原職を退職して雇用契約を結ぶ。	正規社員（原職） ↓ 正規社員×業務委託 ↓ 正規社員（次職）
B	証券会社の営業職	原職の仕事と並行して、アプリ開発を行っている会社に興味を持ちボランティアでプロジェクト参加。その後、フルコミットのコアメンバーに。	正規社員（原職） ↓ 正規社員×ボランティア ↓ 正規社員（次職）
C	ゲーム開発企業の事業部長	知人数名と創業し事業展開を進めつつ、原職の企業においても雇用契約を委託契約に切り替え週3日程度で勤務。	正規社員（原職） ↓ 業務委託（原職）×起業準備
D	IT・サービス企業の営業職	友人のスタートアップ企業を土日、平日夜に手伝う。当該スタートアップ企業が大きくなってきたため、役員（Co-founder）としてジョインし、そのタイミングで原職企業に対して副業申請を行う。	正規社員（原職） ↓ 正規社員×ボランティア ↓ 正規社員×会社役員
E	IT系コンサルティング企業のコンサルタント	偶然知ったWEBメディアのベンチャーに、"0.2人月"のコミットをすることで合意して参加。自身のビジネスの展開も同時並行で行い、結果として起業して原職を退職。起業後も当該ベンチャーの仕事に関わる。	正規社員（原職） ↓ 正規社員×アルバイト ↓ 自営業（次職）×アルバイト
F	メガベンチャーの海外事業部長	知り合いが関わっているスタートアップ企業に業務委託で参加。その後、原職を辞職。	正規社員（原職） ↓ 正規社員×業務委託 ↓ 業務委託（次職）

【図3】コミットメントシフトの実例

事の移行が完了している。C・Dでは、正規社員だった原職との関係を継続しながら仕事の移行を順に進めている段階にある。E・Fでは、原職との関係に限らずに継続的な関係を軸にしながら仕事の移行を進めている。

現在はこうした移行形態によって、6・6%の転職者が職を変えていることがわかっている。[*4] 大企業からスタートアップやベンチャー企業、起業・独立への移行がメインであるが、こうした仕事の移行の在り方は先述のようなリスクを軽減できる、個人・企業両者にとって大きなメリットがあることから、今後一層拡大していくのではないだろうか。「一緒に働いてみる」こと。次職の仕事内容、職場環境、そして上司の雰囲気までを確認するのにこれ以上の方法はないのである。そして、個人がその新たな職場を魅力的に感じれば自動的にコミットメントの度合いは上がっていくし、もし魅力的に感じなければその度合いは下がり、また、原職の良さを痛感するかもしれない。そこにあるのは、退路のない〝ミスマッチ〟ではなく、合わなくてもまだまだ次があるという服の試着のような〝フィッティング〟である。

2　「コミットメントシフト」がもたらす新しい関係

関係社員を増やす

現代にいたるまで「100％のA社↓100％のB社」という転職がスタンダードであった。しかしこの仕事の移行は大きなリスクを孕《はら》んでいる。「こんなはずじゃなかった」という転職者の後悔の声は多い。このミスマッチを減らすのが、コミットメントシフトによる仕事の移行、つまり、「100％のA社↓80％のA社・20％のB社↓20％の

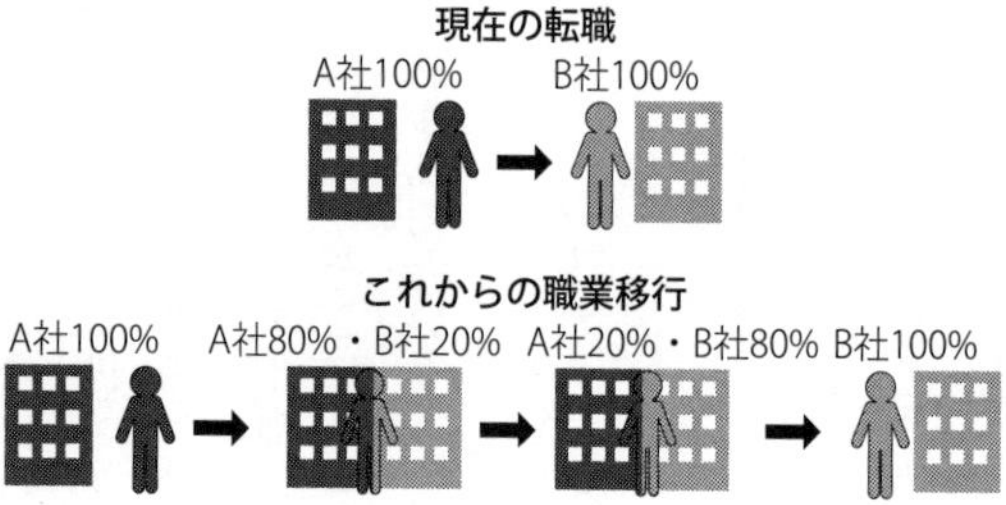

【図4】コミットメントシフトのイメージ

A社・80%のB社↓100%のB社」といった移行形態である。

コミットメントシフトによるキャリアチェンジには良い点がたくさんある。

まず、次職参加時の扱いが、「はじめまして」ではなくなる。副業などで一緒に働いたことがある人がジョインしてくるという「仲間の本格参加」になる。また、次職とミスマッチがあった場合の対応も、かつては再転職しか手がなかったが、コミットメントを残している原職へ戻れば良い。この際に原職へのロイヤリティはデータ的には上がるというおまけ付きだ。そして重要なのが、こうなることで次職を決める際の重要ポイントが変わるということだ。現代の転職では、可視の要素が重要視されざるをえないが、コミットメントシフトでは働く期間があるため不可視の要素で判断できるのだ。

	現代の「転職」	“コミットメント・シフト”
契約形態	雇用契約ベース	雇用・業務委託等、多様な形態の組み合わせ
原職との関係	退職	継続的
次職フル参加時の扱い	ニューカマー	仲間の本格参加
次職ミスマッチの際の行動	再転職	原職復帰（原職コミットメントの再増加）
次職を決める際の重要ポイント	可視の要素（年収、企業規模、行職種）	不可視の要素（環境、人間関係、日々の仕事）

【図５】現代の「転職」との比較

さらにここで大事なのが、原職との関係が退職ではなくなることだ。コミットメントを残しているため、継続的な関係となる。この新たな関係性が、ゆるい職場時代の若手離職に関する厄介な問題を解決する突破口になると考える。

新しい関係の成立

現代の職場では、「会社のことが好き」と「定着」がトレードオフの関係になっていると示した。この結果から、改めて現在の日本企業は究極の二択を迫られていることがわかる。つまり、「会社に閉じ込めることで、会社には真面目に来るが、会社へは不満ばかり。そんな〝会社のことを好きでもないのに辞めない〟若手をつくる」のか。それとも「会社の外を見たうえで、自社を大好きになるが別世界に飛び出せる力を持つ若手をつくっていく」のか。

経団連のアンケートなどを見ると、現在の多くの日本企業は前者が多いとわかる。無意識に、伝統的に、その戦略を取っている企業が多いだろう。しかし、その無意識の選択はこれからの日本企業にとって最適解なのだろうか？

日本人の仕事への熱意は世界でもとびぬけて低いことはよく知られている。ギャラップ社が２０１７年に発表したエンゲージメント調査によれば、日本企業においてエンゲージメントレベルが高く、熱意あふれる社員は６％程度しかおらず、世界ワースト水準である（アメリカは30％、世界平均は15％である）。

仕事に熱を上げる日本人が少ないのは〝当たり前〟だろうか。しかし、これは日本人の遺伝子や気質のせいでも、古来よりの伝統でもなく、日本企業が作ってきた「社員と職場の関係性」による〝変えられる当たり前〟だと筆者は考える。これまでのように自社にしがみつく人材を育てるのではなく、外の世界とも比較して、消去法ではなくポジティブな理由で自社を選ぶ人材をつくっていく。これが日本企業の現状を、さらにはこれから企業の中核を担っていく若手の仕事への姿勢やキャリアづくりを変えていくのではないか。

ハイパー・メンバーシップ型

もちろん、社外活動をする若手は転職する可能性が高まるのも確かだ。しかし、この激しい変化の時代に、転職されることを恐れて社外での越境的な成長の機会提供を逃して良いのだろうか。退職者は〝脱走者〟ではない、自社のことを肌感覚レベルで知る〝同窓生〟である。退職者をアルムナイネットワークとして、その広がった知見を自社に還元しようとする企業も広がっている。

さらに、自社の若手を外に出すとともに、外に自社のメンバーをも生み出していく。「副業ワーカーから入ったけれども、その会社のことが好きになってしまった」。そんな中核人材と外注先の「間」のような、新しいメンバーシップを持つ社員との一体感を生み出せる会社も現れている。

この章の冒頭のケースがそのチャンスの一局面だ。ポスト提示や早期の異動の約束、待遇改善などの不満のケアによる慰留などはやり尽くし、限界を感じている管理職の方も多いだろう。ここにプラスアルファでこの一言が言えるかどうかが、新たな若者と職場の関係をつくれるかどうかなのだ。

「とりあえず、今からできることをやってみたら?」
「応援するから、業務外の時間で関わってみたら?」
「コミットメントシフト、してみたら?」

昔、筆者が参加した平日夜開催の社会人講座では、学び直しに来ている社会人の半数ほどが「会社に黙ってきている」と言っていた。「職場で言うと、上司や同僚に暇だと思われそう」「先輩に仕事を振られて邪魔されそうだから」だそうである。しかし、お金のかかる学習プログラムに自費で、自分のプライベートの時間を削ってきている若手は、社会にとって、そして会社にとっても宝物ではないだろうか。

こうした若手に「なぜ上司に報告しないのか」というのは、残念ながら少しズレている。若手の社外活動を積極的に応援し、成長を促すとともに、会社に対する気持ちをポジティブにしていく。辞めたとしてもアルムナイやプロジェクトベースで自社に参画してもらい、ゆるやかにつながる。メンバーシップ型を超えた、「ハイパー・メンバーシップ型」の会社とでも呼ぼう。こうした会社こそが、ゆるい職場の時代に人で勝つ会社となるのではないだろうか。

かつてのように職場で育て切ることができないなかで、外の機会を活かせるメリットもある。こうした若者と職場の関係性が、厄介な難問の回答になりえるのだ。

［注］

1　一般社団法人 日本経済団体連合会、2022年調査

2　リクルートワークス研究所、中途採用実態調査より

3　リクルートキャリア、「転職決定者の声から、企業の採用進化のポイントが明らかに 求職者が転職活動で〝知り得なかった情報〟トップ3―「リクルートエージェント」転職決定者アンケート集計結果―」より。①「配属される部署の風土や慣行」、②「配属される部署の職場長・メンバーの特徴」、③「将来のキャリアパス」が、知りたいと思っていたが、知ることができなかった情報の上位3ポイントであると整理されている。

4　リクルートワークス研究所、転職がなくなるとき。6・6％の『コミットメントシフト』が生んだ、新しい転機――古屋星斗

第六章　若手育成最大の難問への対処

負荷はないが成長もない、ゆるい職場。2010年代後半以降の断続的な労働法改正によって期せずして日本社会に生じた職場環境である。この全く新しい職場環境は労働時間の縮減や居心地の良い環境を作り出したが、他方でこれまでのアプローチでは解決することが難しい問題も生み出したことをデータで示してきた。ここでは、その解決方法について考えたい。

私が衝撃を受けた、とある大手企業の管理職の発言がある。これがこの検証を行う動機になっている。

「ふわっとしたことしか言えない30歳が増えているんです」

「仕事に関して理想論やあるべき論は語るのですが、然るべき業務経験を積んでいないためか、発言にリアリティがなく具体的な企画に落とし込めないのです」

ゆるい職場時代に、どう若手を育成するか。これまでのアプローチが通用しないゼロリセットされた課題である。本書で見てきたとおり、仕事の負荷が低下する職場において、従来と同じような経験が積めない可能性が高いことが原因となり、職場が提供できる成長機会が縮小していくためだ。このために、「ふわっとしたことしか言えない30歳」問題が浮上してくる。こうした「30歳」はあなたの会社にもいるだろうか。いるとすれば、それはあなたの会社の人材育成の屋台骨は想像以上にボロボロになっているかもしれないのだ。

第六章ではこうして浮上してきつつある、ゆるい職場における若手育成の問題を取り扱い、調査データや具体的な取組から見えてきた、解決方法の例を提示したい。

1「ゆるい職場」時代の解決不能な問題

2つの難問

企業が直面する若手育成上の難問は第二・三章での検証から、以下の2点に集約される。

A　仕事の関係負荷なく質的負荷だけをどう上げるか。通常、質的負荷を上げようとすると関係負荷も上がってしまうが、どのように切り離すのか

B　（入社前から社会的な経験を持ち）自律的な姿勢を身に着けている若手の方が、離職率が高い。この問題をどう解決するか

この2点は調査から判明した事実でもある。

若手の仕事における成長実感には「仕事の質的負荷」は必要だが、「関係負荷」は必要ない。Aについては、ここから「関係負荷なく、質的負荷を上げるアプローチ」が有効であると考えられた。Bについては若手側の変化（コミットメントシフト）について第五章で取り上げたが、こうした変化を受け止める職場はどうあるべきか。

成長した若手ほど辞める

若手育成と仕事の負荷についてはこんな悩みを抱える人が多いのではないだろうか。

「ストレッチな経験をさせてやろうと、これまで振ったことがない仕事を与えたところ、相談にも来ず立ち往生。最終的に自分で巻き取ることになった」

「教育とパワハラの差が正直に言ってグレー。教育と思ってやっても、声を録音する若手もいると聞くので、指導は必要最低限にしている」

もちろんこういった状況が長く続けば、組織や職場のパフォーマンスや社員の生産性の上昇スピードは鈍る一方であることは自明だが、上司や先輩層を責めても仕方がない。

こうした上司や先輩の行動姿勢も現代の職場環境に適応しただけであり、環境が変わってしまった以上、システム全体を検討し直さなくてはならないのだ。

また、できる社員や成長した社員ほど辞める、という実感を語る人も多い。

「自分で考えて動ける若手ほど、次の異動先や出向先などを自ら提案してくる。なるべく希望に沿った配属をするが、一定数はこちらの示す案に飽き足らないのかやはり自ら転職先を探して辞めてしまう」

「目をかけていた若手が続けて辞めた。ここ最近続いたので、若手からあらたまった連絡があるとドキッとしてしまう」

また、この点については若手側から次のような意見を聞いたこともある。

「会社が打診してくれた配属先は希望に沿って魅力的でしたが、社内外の友人から転職した話を聞くと、『あの子もキャリアチェンジして自分がやりたいことに自分の力で近づくんだな』と思い次は自分の番かなと。上司を振り回してしまっていますが、いまも絶賛、悩んでいます」

若手が自律的であればあるほど、当然ながら職業生活・キャリアに関する情報を獲得できる範囲は広まり、現実的に若手が採れる選択肢の範囲も広まり、また揺れ動く悩みの幅も広がる。こうしたなかで、社内で示すことができるキャリアパス提案の範疇でその悩みが解消できるとは限らない。外にさらに魅力的な選択肢があるとわかれば、その選択を押しとどめることは現実的に可能だろうか。他方で、「自律的でない若手になってほしい」という組織などないだろう。ここに解決しがたい矛盾が存在している。

以上の2つの解決困難な問題だが、ゆるい職場時代だからこそ可能な解決策があると考える。これを提示していこう。

2　第一の難問に対処する

いかに関係負荷なくストレッチな仕事をさせるか

仕事の関係負荷なく質的負荷だけをどう上げるか。通常、質的負荷を上げようとすると関係負荷も上がってしまうが、どのように切り離すのか。

ストレッチな仕事を、理不尽さや人間関係の過剰なストレスという若手の成長を阻害する要素をなくして、いかに与えていくかというポイントである。先述の通り、実際に現状を分析すると、質的負荷（ストレッチな仕事）と関係負荷（人間関係の過剰なストレス）の間には強い相関が存在しており、片方が上がるともう片方も上がってしまう関係がある。切り離すことが難しいのだ。従来の職場での育成アプローチはこの性質を持つために、離職にも繋がる関係負荷を下げようとすると、質的負荷、ストレッチな経験も同時に低下してしまう状況を引き起こしている。この状況がある以上、若者のご機嫌取りのようなその場しのぎの対応が繰り返されてしまう。

さて、従来の育成方法では職場の上司や先輩から〝教える〟というスタイルをとるという共通点がある。この方法では、上司や先輩が蓄積してきた業務における経験知に基づく〝正解〟があり、その正解を様々な方法で伝達していくというアプローチをとる。もちろん、客観的に最短で正確、最適な方法論が確立している業務は少なからずあり、この方法論を全て否定する必要はない。基礎的な知識があってこそ発明やイノベーションは生まれるのであるから、当然である。ただし、ゆるい職場において、上司や先輩層が蓄積してきたこの経験知を伝達するアプローチだけでは限界がある。職場における知識伝達の時間的制約が非常に強くなり、コミュニケーション法も変化した現状において、伝達量がどうしても相対的に少なくならざるをえないためである。

端的に言えば、職場に朝から夜までいてともに顔を突き合わせて働き、一日に何回も何回も上司から叱責され、仕事後も一緒に飲みに行き熱い〝仕事論〟を語る上司がいた10年程前までの日本の職場を想像していただきたい。こうした職場における上司・先輩から若手への知識のシンプルな伝達量を超えることは、現代の職場にできるであろうか。言葉なり姿勢なりでOJTを中心とする知識伝達を前提とする場合、同じ釜の飯を食って共に過ごした時間が長ければ長いほどその伝達量が多くなることは自明である。もちろん伝達の生産性を上げよ、という議論もありうるが、生産性向上が言うほど簡単にできないことは日本経済の低成長が証明している。そう、ゆるい職場で、従来のように上下関係で育て続けようとする場合、その育成は過去の日本企業の若手育成の劣化コピーにほかならない、七掛け・八掛けの若手育成となってしまう。こうした七掛け・八掛けの育成が、まさに若手の成長実感の乏しさに繋がっている。

ただ、勘違いする人が多いので次の点はよく留意する必要がある。こうした話をすると、

「やはり、昔の育て方が良かったのだ」

「自分が若いころは毎日タクシー帰りで職場に寝泊まりもした。そこで得た経験や人間関係は一生のものだ」

「いまの若手は甘えている。こんなに甘やかせていては人材が育たないと危機感をもっている」

といった、過去のやり方を良しとする意見が出てくる。特にこれまで大きな実績を上げてきて、現在も会社組織の根幹を支えているような枢要なポジションに就いていて、そして叩き上げでそうした役割を担ってきた実力がある人ほど、本心ではこう思っていることが多いのではないか。

しかし、もう元には戻れないのだ。日本の職場は期せずして2010年代後半以降の労働法令改正によって、「グレートリセット」されてしまったのだ。法改正は社会規範の変化に伴って起こった動きであり、それは一言で言えば不可逆な変化なのだ。かつての職場で育て切る手法は、もう十全に採ることができないのだ。

「やはり日本人の労働時間が短すぎるから、労働基準法を改正して特別条項付き36協定を元に戻し残業時間を青天井にできるように戻そう」とか、「男女ともに育休を取り過ぎでキャリアが寸断されているから、取得可能期間を短くしよう」とか、「若者が企業を労働環境の良し悪しでのみ判断しすぎだから、労働時間や有給取得率の情報開示をやめよう」などと言う企業経営者や政治家が万一出たところで、こうした意見に賛同する声が多数集まり、職場運営法令がこういった方向へ改正（改悪）される可能性はほとんどありえない。筆者も猛反対する。社会規範が変わる、「若者を使いつぶすような会社は許せない」という考え方が当たり前になる、ということはまさにこういうことである。

職場におけるＯＪＴを中心とした方法だけでは育成しきれない。しかも、職場環境は元には戻れないとすれば、いかに若手にストレッチな経験をさせれば良いのか、という点は一層悩ましい問題として管理職層に伸《の》し掛かってくる。

横の関係で育てる

しかし、突破口になりそうな事例が生まれている。筆者が注目しているソリューションのひとつに、「横の関係で育てる」がある。

一部の外食チェーン店で取り組まれている「新入社員だけがスタッフを務める研修店舗」はその具体例であり、実際に離職率が急激に下がったという報告もある。新入社員だけで運営される研修目的の店舗であるが、実際にその店は他の一般の店と同様、お客さんが入ることができる。ただ研修目的なので通常の料金よりも少々安い値段設定となっている場合が多い。ネットで検索すれば、各チェーン店の研修店舗はすぐに見つけることができるが、一般のお客さんが普通に入ることができるため、むしろあまり意識せずに入店し利用している人が多いかもしれない。筆者もこうした外食チェーン店の研修店舗に何度か足を運んだことがあるが、店員さんが全員初々しい新入社員らしき若者であるという点以外、特に大きなトラブルが起こったり、店員さんが店長や先輩らしき人から叱責されていたり、といったシーンに出くわしたことはない。

「新入社員だけがスタッフを務める研修店舗」は以上のような特徴を持つ。ただし、そういったものがあるのか、という感想だけで終わるのは非常にもったいない。この育成手法には現代の職場環境に適応したメリットを多数備えているのだ。

離職率が大きく下がったという報告もあり水面下で広がっているこの手法の、最も大きなメリットは、この育成手法がまさに「関係負荷なく質的負荷を与える」方法であるということだろう。店員が新入社員しかおらず、その職場において上下関係は存在しないかかなり希薄である。職場に（責任をとる立場で、困ったときに相談できる管理職はいるが）自分と同じ業務を遂行する〝先任者〟がいないのである。このために、起こることが重要である。その職場の〝正解〟である過去の経験知が先任者から提供されないのだ。この状況に直面した場合、当然ながら若手は自分で考えざるをえない。職場における日々起こる問題・課題に対して〝正解〟が指し示されないためである。

例えば研修店舗においては、どうすれば店の売上が上がるか、顧客満足度を上げられるか、クレームにどう対応するか、どうすれば作業を効率化できるか等々、大小の課題を考えるのはその店舗にいる新入社員の同期だけなのだ。そしてその職場では上下関係による〝正解〟の押し付け、理由のわからない理不尽な指示といったことが起こる可能性は構造的に極めて希薄である。この状況を作り出したことが、関係負荷なく質的負荷を与える結果となっているのだ。これを上下関係で育てる、ではない新たなアプローチとして、「横の関係で育てる」と呼びたい。

一部業種だけの話でしょ、と片付けるのはあまりに早計だ。「横の関係で育てる」類似の取組が実は社会のそこかしこで同時多発的に発生しているのだ。例えば以下のような若手育成の事例を確認することができる。
○大手百貨店において若手社員十数名のみがメンバーとなって企画した特別展示スペースが開催され、若年層も含めたこれまで以上の幅広い層の来場者を集めた。
○ネット上での広報活動を入社2、3年目の社員のみで構成するチームで実施。YouTubeチャンネルの再生数や登録者数が著しく増加するなど大きな成果を挙げた。

○限定20台のクリスマスケーキの企画を入社2年目の社員2名に任せた。他社とコラボレーションすることを考え実施し、数万円という高価格だったにもかかわらず即完売した。

○組織のトップ1名と20代の若手が10名ほどでチームを組み、社会全体や組織の将来像について提言をまとめ発信したところ、大きな反響があり大手メディアなどに取り上げられた。

こうした若手だけでプロジェクトを組成して短期間で成果を出させる取組を行う組織が出ており、関係負荷をかけずに質的負荷をかけるための「横の関係で育てる」様々な試みが始まっている。

いま萌芽的に起こっている事例の共通項から、「横の関係で育てる」手法の特徴を3点に整理しておこう。

①若手社員のみ、もしくは若手社員が極めて多いチームを編成する

②担う業務は漠然とした日々の業務ではなく、特定の目的及び期限のある業務とする

③成果が可視化しやすい業務とする

つまり、若手社員が横の関係で育つ環境を職場に作り出すためには、若手のみのチームで、特定の目的を達成するために、成果が見える業務を担わせることが肝要だ。

上司・先輩がたくさんいて若手社員がそれに粛々と従う状況では関係負荷が高くなりすぎ不要なストレスを与えてしまう。また、特定の目的がなければ、ゴールが不明確となり若手が努力する方向性が曖昧になり短期的な成長には繋がらず、十分な質的負荷をかけることはできないし、無闇に大きな業務を若手に担わせることは組織にとってメリットよりもリスクが大きいのは当然である。さらに、成果が可視化できなければ、なにが良くなにが悪かったのかについて、組織が若手に明確な根拠を持ってサジェストすることも難しいし、もちろん若手側の成長実感も乏しいものとなってしまう。

こうして集約すれば、「横の関係で育てる」アプローチには実は、自由と責任の両方が必要であることがわかる。自分たちで考える・考えられる環境だけでなく、明確なミッションに成否が明らかな業務が組み合わさることで、初めて「関係負荷なく質的負荷が高い」育成環境が成立するのだ。

ゆるい職場時代、データを分析したうえで理論的に必要性が発見された「関係負荷はないが質的負荷が高い」育成方法。紹介した「横の関係で育てる」手法が、これまでの上下関係での育成で達成できなくなった部分を補い、そして育成の幅を拡張していくだろう。

3　第二の難問に対処する

自律的でパフォーマンスの高い若者

自律的な姿勢を身に着けている若手の方が、離職率が高い。この問題をどう解決するか。

多くの企業の経営者が若手に求める力として、自ら考え実行する力、自律性といったことを挙げる。キャリアを自律的に構築できる若手が、育成上の目標のひとつにもなっていることは多い。しかし、自律的な若手ほど退職し、もっと自分にとって魅力的な会社に転職する可能性が高いのである。

ゆるい職場時代に、この問題は加速しているように思える。社員の自律性が効果を与える範囲が大きくなってきているためだ。職場がゼロから１００まで社員をコントロールできていた時代とは異なり、職場は社員のほんの一部分しか把握できなくなった。家庭生活や趣味などのプライベートの比重も高まり、社外の活動時間が長くなっているなか、過去との相対的な変化は大きい。この状況では、職場の外での活動を自律的にできる若手ほど育つのは当然の帰結だろう。このために、社員の自律性の及ぼす範囲が大きくなっているのだ。

こうした話をすると「やはり、社員の活動やキャリアの状況をすべて職場側が把握できるようにしなければならない」といった反応がある。もちろん、本業の会社にいる時間はどんな若手でも相当長いため、若手の力を職場で最大限引き出そうとすれば組織側からすればそういった関係が望ましいだろうが、そのためには若者側にメリットがないと成立しない関係である。

社員に対して職場が占める割合が相対的に低下していることにも留意する必要がある。単純な労働時間に上限が定められたことと合わせて、〝心理的な割合〟も低下しているのではないか。例えば、10数年前までの大手企業で新人時代を育った人からは以下のような話を聞くことができる。

「新人の最初の仕事は桜の花見の場所取りだった。休みの時間に抜け出して良い場所を必死に探したものだ」

「忘年会の出し物として若手が一発芸をするのが伝統だった。同じ部の同期と相談して、11月頃から土日に練習した」

「社内の事業所対抗ソフトボール大会があり、大会の2、3か月前から休みの日の昼間に猛練習した。日頃温厚だった上司が怒声を張り上げていてびっくり」

休みでも、こうした活動で職場の上司・同僚とともに過ごしたり準備したりすることが当たり前に行われていた。こういった話をすると現在の新入社員は「昭和の話でしょ」と思うだろうが、何のことはない、つい最近までこういった休みの日も職場関係の活動をすることは当たり前だったのである。（2010年代初頭に社会人となった筆者も、上記3種類の活動の全てにつき、類似した経験があることを付言しておく）

肌感覚だけでなくデータも示しておこう。産労総合研究所が「社内イベント・社員旅行等に関する調査」を企業調査として定期的に実施している。2014年調査では46・0％の企業が社員旅行を実施していたが、2020年では27・8％。なお、記録が残る最も古い1994年調査ではなんと88・6％だった。減少トレンドは明らかである。社内運動会も2020年調査で10・1%であり、2014年以前の調査よりも低下していた。2020年調査が2019年度の結果であることを考えると、直近で調査するとさらに低下している可能性が高い。

なお、筆者は若手の職場環境を研究するうえの比較材料として、過去の職場の実態について知りたいと思っているのだが、特にこうした仕事外でのエピソードには驚かされることが多い。現在日本の大手企業で枢要なポジションにいる人々の新人時代は珍談・奇談の宝庫であると感じる。男性の新入社員が全員バニーガールの格好をして上司にお酌をして回ったといった比較的〝マイルドな〟エピソード（現在の基準では全くマイルドではないが）から、ここに書くことが憚《はばか》られる話まで話題に事欠かない。少し話が逸《そ》れたが、ここで話したいのは、ほんの十数年前までの新入社員を取り巻く職場環境の当たり前・常識について話をすると、現在の多くの若手社会人にとって非常識に感じられてしまう、ということだ。法改正や社会規範の変化によって、職場の常識の大転換が起こった2010年代後半から2020年代前半において、ここまで見てきた通り職場の「仕事自体」も大きく変化したが、職場の「仕事外の部分」も様変わりした。ただ、現在の職場の構成員の多数派は常識転換前の職場環境で育ってきた者たちであることを忘れてはならない。88・6％が社員旅行に行っていた時代の新入社員が現在50歳前後、各企業の幹部・中核人材なのだ。

この意味で、現在の管理職層は、「自分たちが育ってきたやり方ではない方法で、部下・後輩を育てなくてはならない」という難問に直面している。どんな生物でも自分の育ってきた方法で若い世代を育てるのではないだろうか。また、過去のどんな世代の職業人でも自分の育った方法で後輩を育ててきたのではないだろうか。常識が転換した前後の世代が同じ職場に混在する今の日本の大手企業。若手育成が困難に直面するのもむべなるかな、だろう。

仕事外の新たな使い方

もちろん、こうした仕事外・職場外でも職場の催事や懇親、企画の準備が当たり前という常識は、ほぼ消滅している。好むと好まないとを問わず、時間的・心理的に職場との関係性が深い時代は終了しているのだ。こうした仕事外や職場外で過去に行われていたイベント企画やその準備を通じて若手が育ち組織の一員になっていった、という意見を聞くこともあるが、ここでその論説の正誤について検証するのは控えたい。もし正しかったとしてもその職場の状況に戻すことが著しく困難であるためだ。

ただ、この「仕事外・職場外を使う」というかつての日本企業の発想は現代で全く新しい重要性を持ち始めている。

労働時間の縮減やコミュニケーションスタイルの変化によって成長機会の付与が難しくなり、職場だけで育てることに限界が来ているのであれば、その変化を逆手にとって取りうる方策がひとつある。「職場の外を使う」のだ。そして、この方策が第二の難問に対する有効な解答となることもわかってきている。

例えばこんな話があった。SNSマーケターをしていた総合電機メーカーの入社3年目社員の女性。その経験を活かして、副業で中小企業の新規ブランド立ち上げに参加した。3ヵ月ほどでtoCブランドの立ち上げを行い、toBビジネス中心であったその中小企業において大きな成果を挙げることができたそうだ。さらに、マーケティングの上流から下流まで全体の工程に携わることにもなり、自社では職種・役割ごとに細切れになっている業務の全体像が明確になった。その後また話を聞いた際には、社内でプロジェクトが組成された新規ブランド立ち上げのチームに副業での経験をアピールして抜擢された、と話していた。

また、こんな話もあった。製造機械メーカーの営業職20代後半の男性。営業先の人に誘われて付き合いで休日に何度か参加した設計の勉強会・ワークショップで大学時代に機械設計を学んでいたことを思い出したそうで、自社の設計部門に顔を出して自社製品の技術的な詳細についてたずねるようになった。そのうちに、重宝がられたのか設計部門から誘われ、社内副業という形で営業の立場で設計のミーティングなどに参加するようになった。

さらにこんな若手もいた。情報通信系企業で社内マニュアルなどを作る総務・法務の仕事をしていた20代半ばの男性。ゲームをすることが趣味であったため、社内にあったゲーム開発チームに配属を希望していたが叶わなかったそうだ。ただ好きが高じて、昨今は世界でこんなゲームが流行しています、等の業界レポートをゲーム部隊に提出し続けていた。その後新たな開発チームを立ち上げる際に「あいつをアサインしよう」と名前が挙がり、プランナーとして配属された。

この3つの話の共通点がわかるだろうか。それぞれ全く違う話のように感じるかもしれないが、「自社での仕事」と「自社での仕事の外側の世界」とを横断し行き来しているという共通点がある。それぞれにきっかけとなったのは副業、休日の勉強会・ワークショップ、趣味と異なるが、共通するポイントは「仕事の外側のアクション」を自社に（期せずして）還元し好循環が回り始めていることにある。上記の例は一例にすぎず、こうした話をたくさん聞くことができる。

第五章でコミットメントシフトする若手たちの話をした。職場における労働負荷が相対的に低下した現代において、自律的な若者が職場の外側の世界を使って成長しようという意欲が高まるのは当然のことと言えよう。もしもっと仕事をしたいと思っていても、残業をするなと言われてしまう世の中になったのだ。

この場合に必要な要素は2つある。ひとつは当然ながら、若手が外側の世界で育つこと。しかしそれだけでは不十分であり、もうひとつ、外側の世界の内容を自社に還元することで初めて好循環が回り出す。若手にとっても職場にとっても、自社の職場と外側の世界の循環が生じることでその恩恵を最大化できるのだ。

ただし、実際には社外の活動をしていると離職率が上がる傾向が見られていた。現代の職場での成長の限界を突破し、外側の世界で育とうとする若手ほど離職してしまうのだ。この自律的な若手ほど辞める問題をどう解決するのか。

社内・職場内の「外側の世界」

自律的な若手ほど辞める問題は、日本の社会人のキャリアの自律性が向上し、外部労働市場が活発になるにつれて回避しづらい問題となっていくことは間違いない。それは日本の労働社会が新しいフェーズに入ったことを意味しているが、それで採用した若手が自律的な行動姿勢を身に着けた端から辞めてしまっては、企業としては耐え難いだろう。なお、新卒社員を育てることを諦めてしまい、中途採用で必要な人材をすべて獲得するという方法も理論的には解決策になりうる。しかし、そもそも中途採用で（自律的な）人材を採用しても辞めてしまうリスクは変わらずあるし、また中途市場ですべての中核人材を採用しようというのは非現実的だ。ただし、この解決策は今後の若手のキャリア形成を占ううえで重要な論点であることも事実であり、第八章においてより広い視点で扱う。

さて、厄介な状況ではあるが、実は打ち手として効果的と考えられるものがいくつかある。

そのひとつに、社内に外側の世界をつくってしまう、という事例が存在する。ＮＴＴ

グループにおいて「O-Den」という社員の有志コミュニティがある。グループ横断で若手社員を中心として多数の参加者がいる団体であるが、有志でワークショップを行ったり、社外から講師を招き講演会・勉強会を開催したり、独自のビジネスコンテストを実施したりと活発に活動している。筆者もこの団体の勉強会に登壇したことがあるが、事前の打ち合わせは休日に行われていた。業務外の活動として業務と必ずしも関係のないテーマを扱っているので当然、だそうだ。興味深いのは、こうした取組に対してNTTの幹部が陰に陽にサポートする姿勢を見せていることである。グループのトップがイベントに登壇したりもしている。

仕事に関係するような内容ではあるが、あくまで業務外の活動である。若者個人のキャリア形成には裨益《ひえき》するだろうが、会社としてメリットがあるかどうかは正直わからないというのが本音だろう。離職率が高まっているので若手の活動を言下に否定することが得策ではない、という考えかもしれない。

しかし、企業側と若手側にどのような本心があるかに関わらず、この活動に日本企業における新しい人材育成の萌芽を見ることができる。職場の中で育て切れないのであれば、外側を使うしかない。そして、その「外側」は会社や職場の中にも構築できるということを教えてくれているのではないか。越境という概念があるが、越境は社会文化的な違いがある状況を往還したという個人の認識である。[*1] しかし、その「違いがある場」には、企業の外側だけでなく、日常空間にも存在しているという指摘もある（「日常の越境場」）。[*2] 日常空間や会社・職場に潜んでいる、外側の世界を顕在化させられれば、若手はいきなり副業・兼業、社外コミュニティに参加をせずとも自律的なアクションの一歩目を容易に踏み出すことができる。このような、「社内・職場内にある外側の世界」を組織として応援し育てていく発想が、厄介な問題の解決に向けた萌芽事例と考える。

　ポイントは、「外側の世界が社内の論理と別の論理で動く世界である」ことだろう。社内の力関係や仕事の仕方などが踏襲されるようでは、若手にとって何の魅力もない。普段の仕事と変わらないためである。別の論理で動くために、時として会社の人材育成の文脈と真逆に行ってしまうような取組も行われるかもしれないが、業務外で行われているのだから組織が介入する余地はそもそも全くない。「若手コミュニティをどう指導すれば良いですか」といった質問をされたことがあるが、勘違いしてはいけないのは、こうした場合に組織側が可能なのは、応援するか・しないかの二択のみであることだ。状況に応じて応援するか否かの判断をすれば良い。ただこの場合に「応援しない」というオプションが存在していることが重要で、組織と方向性が違うのであれば応援する必要は一切ない。ただ、応援すれば会社と共通のミッションを共有しながらコミュニティが熟していくかもしれない。若手育成についてよく「褒めて育てよ」と言われるが、この若手業務外コミュニティの支援についても「応援して育てよ」と言えるのだ。

そして、外側の世界での成長を促したほうが若手の成長曲線は高まるのだ。その空間を社内に構築できるのであれば、魅力的ではないか。

開示しやすい空気

第五章でコミットメントシフトとして若者側の変化に触れたが、会社・職場の外で育ったとしてそれが自社に還元されなかったら自社にとっては何の意味もない。筆者は副業・兼業について実施している社員20名ほどにインタビューをしたことがあるが、この際およそ半数が「会社には黙っている」「報告は特にしていない」と言っていた。副業・兼業に限らず、学校機関での学び直しなどについても会社に言っていないケースが多数あると考えられる。ではどうすれば若手がオープンに業務外の活動を開示するようになるだろうか。

全く別の話だが、参考になる取組がある。企業で進む情報開示の動きだ。コーポレートガバナンスの文脈で進み、特に昨今では、人的資本の情報開示について議論が進んでいる。この分野ではＩＳＯ３０４１４という国際規格がすでに定められており、11領域49項目の開示が規定されている。日本企業でも取得する企業が出てきているが、社内でもクローズな情報であったような人事情報の開示を行う必要があるため、取得に向けてはかなりの困難がある。難易度が高いのになぜ苦労して取得するのか。当然そこにインセンティブが存在しているからだ。ＩＳＯ３０４１４の場合には、従業員というステークホルダーを大切にしているということで株式市場におけるＥＳＧ投資文脈からの信頼性の獲得が見込めるし、同時に人材採用力も高めることが期待できる。人事情報を定量化して開示することで自社の状況を客観化できる。こうしたインセンティブがあるために、「開示した者が得をする」状態があるためと考察できよう。

株式市場での情報開示の重要性については改めて説くまでもないが、ここで重要なのは「開示した者が得をする環境こそが、開示を促す」ことだ。この点が、まさに若手が業務外の活動を職場でオープンにするポイントになる。

もちろん職場のルールや就業規則で報告を課すことも可能だが、それでは現状のように業務外の活動が水面下に潜るばかりである。氷山の一角の下にたくさんの成長の氷塊が潜っているのにも関わらず、それを見過ごすもったいない状態が続くだけだ。企業における株式市場での開示義務とも異なり、社員のプライベートな時間の開示を法令等で義務付けることも不可能である。つまり、開示した者が得をする環境だけが、社員の業務外の活動の情報開示を促すことができるのだ。

自己開示で得をする職場の作り方の事例を挙げよう。①好事例として共有の場を作りその中から特に優れた活動を社内報に掲載した、というケース。②社内の配属先決定を手上げ制の社内公募で行った際にこうした社外での活動経験で得たものも材料に含めて選考にあたったケース。③業務外での活動について、ステップアップ休暇やサバティカル休暇などの名目で支援制度を持っている企業もあり、使途の制限はないがどういった活動を予定するか報告させるケース。（なお、筆者も所属する会社のサバティカル休暇的な制度を活用し、学会に投稿する論文を執筆したことがある）

こうした取組を行うことで、開示しやすい〝空気〟をつくっていく。基本的に若手は職場で共有などしたくない、職場と切り離して業務外の活動をしたい、その前提で「開示した者が得をする」職場を作り出すことがポイントだ。

そして、そうした職場を作り出したときに、若手が行う自律的な活動が自社で恩恵をもって感じられる好循環が起きる。自律的な若手の離職の全てを止めることはできないかもしれないが、真の中核人材がこの好循環の中から生まれるのではないか。

不安をマネジメントする

最後に、もうひとつ触れておこう。自律的な行動姿勢を身に着けた若手は、仕事の満足度もパフォーマンスも高いが、大きな不安を感じていることがわかっている。この「不安」をいかにマネジメントするのか、という新しい問題についてだ。

日本企業における若手のネガティブな感情は主として「不満」であった。上司に対する愚痴や組織への不満、待遇の不満足。こうした「不満」に対しては、端的に言えば飲みにいけば解決した。職場では近寄りがたい尊敬する上司・先輩に誘われ、金曜日の夜に1対1で愚痴や不満足なことをシェアすれば、その不満の何割かは消え去ったのである。これは他者の共感が感じられない状態だと「不満」が増幅することの裏返しかもしれない。社内の先輩に「お前ががんばっていることは、みんな見ているよ。少なくとも私はそう思っているぞ」と言われれば、職場でのこれまでの苦労が消し飛ぶような気がしたのは、そこに共感を感じられたからであろう。

ただ、キャリア形成への「不安」型の感情が大きくなった現代においてこのアプローチは通用しない。先輩に「お前ががんばっているとわかっているよ」と言われても、自分の今後には全く関係がないため、先輩へ丁寧な感謝の言葉を返して終わりだろう。

キャリア形成への不安は「離れ小島」と感じている社内だけでは解消できない。外の視点を入れる必要があるのだ。「この職場で仕事をしていても他の職場で通用しなくなるのでは」という不安を感じているのだから当然だ。社内にキャリアアドバイザーを配置する会社も増えているが、外部人材がその任を担っているケースもある。こうした外部人材の視点や意見を活かしていくことが「不安」のマネジメントの要点となるだろう。「不満」の解消と異なり、「不安」の解消は管理職個人だけでは問題の構造的に不可能なのである。

また昨今、「まず若手の意見を聞け」と言うが、この意見をまず聞くというコミュニケーションスタイルは「不満」のマネジメントの手法ではないか。先述の通り、不満は共有すればある程度解消するが、不安は解消しないのだ。SNSという情報共有装置の登場が同年代の他者と自分を見比べることを容易とし、不安を解消できずむしろ増幅したことを考えればさもありなんというところ。むしろ、若手の「不安」を解消するために必要なのは、管理職が「勇気を持ってしっかりと自分の意見を若手に伝える」ことではないか。管理職が勇気を持たないと若手に意見が言えない、というのもすごい時代になったものだが、現状をふまえればこの表現は的確だろう。もはや単一の正解は存在しないことは若者の誰しもわかっているなかで、しかしひとりひとりにフィットする意見は存在する。ただ、管理職が自分の意見を伝えなければ、若手がその意見を選択肢のひとつにすることすらできない。

情報化社会の中で、常に相対的な意見を比較するスタイルを若手が持っているからこそ、管理職層がこの勇気を持つことが必要なのではないか。それは「まず意見を聞いて、その若手に最適な正解を管理職がアドバイスする」という、結局のところ管理職が唯一絶対の正解を示すスタイルではなく、「その若手にとっての選択肢・参考情報の一つとして自覚し、自分の意見や意思を明確に伝える」という情報提供のスタイルである。様々なソースからの情報の取捨選択だけが、「不安」を解消する選択肢を獲得できるチャンスを増やす。その一つの情報源として自分の意見を開示し、そしてほかの情報源も提示する。これが「不安」に対するマネジメントスタイルになるのだ。

［注］

1　石山恒貴、２０１８

2　香川秀太・青山征彦編、２０１５、『越境する対話と学び：異質な人・組織・コミュニティをつなぐ』、新曜社

第七章　助走としての学校生活

現代における若者と職場の関係性を検証していくと、ひとつの壁に直面する。それはこれからの日本社会においてこれまでのように会社だけで若者を育て切れるのか、という疑問である。企業で経営や人材育成に携わっている読者は、「そんなことを言われても自分にはどうしようもない」と思われるかもしれない。しかし、若者がどのような環境にあるのかを頭に入れなければ、現実の状況に合った議論を正面から行うことは難しくなっていると考える。

例えばこんな若者がいた。有名大学在学中に起業経験があり、いくつかの事業を売却した経験のある20代男性。大学卒業時にはとあるベンチャー企業に入社した。「自分が企業経営者としてさらにレベルアップをしようと思ったときに、財務の知識が必要だと思ったので」。目指す企業規模に近く、財務担当のポジションに必ず就くことができ、また直属の上司となるCFOの経歴を見て決定したそうである。

この若者は超人的すぎると感じるかもしれないし、もちろん一例に過ぎないが、第三章で検証した通り、現代の若者が入職時点でかなり大きな差がついており、こうした若者が存在していることも紛れもない事実なのだ。その差は入社前の活動経験に基づくものであり、結果としてスキルやネットワークなどはもちろんのこと、職業選択傾向やキャリア志向といったものに多大な影響を与えている。

こうした「入社前にすでに違う」若者の状況をふまえると、会社に入った後のことだけを考えていては限定的な解答しか考えられないのではないか。入社前の学習や活動をどうしていくのか、というもっと根源的な問題に正面から取り組むことなしに、日本社会の人材輩出を語ることは難しくなっているのではないか。必要なのは「日本の大学教育はもっと職業能力を付与しなくてはならない」という教条的な議論ではなく、実態に即した若者育成のエコシステムの一端をどう再構築していくのかという着想である。

つまり、「社会人生活の助走としての学校生活」を考えていこう。

1　若者を育てるスタートライン

学校を変えなくては優秀な若者は採用できない

ほんの少し前、2010年代中頃まで「大学で何をしていたか」「入社前にどんな活動をしていたか」は入社後の成長実感にとって全く無関係であった。しかし調査結果を分析すると、2016年卒以降とそれ以前において、入社前の社会的経験の有無が持つ意味が全く異なっていることがわかっている。かつては若者は〝白紙〟であった。真っ白な紙のような若者に入社後企業が様々に書き込んでいく。しかし現状は、白紙の状態を学校での活動ですでに塗っている若者が存在している。

ただ、学校での活動を考えるうえで欠かせない、日本の学校選択にはいくつか大きな問題が存在している。そのひとつが、動機なき選択という問題である。

日本の進路選択の特徴を国際比較した調査がある（リクルートワークス研究所、2013、Global Career Survey）。10年弱前の調査だが、日本の特徴を摑むうえで意味のある資料であり紹介したい。その特徴は端的に言えば「ギリギリに選ぶ」であった。日本の大学生に、大学前期（2年次）までに卒業後の進路を決めていたかを調査したところ、決定していた人は15・8％。これは学校教育体系が似通った東アジアの中国や韓国と比べてもかなり低い数値で、57・7％の学生が進路を決めているアメリカと比べるまでもなく、日本の進路選択の遅さは際立っている。なお、高校生の進路選択でも、「就職か進学か」を最終学年・高校3年生で決めている場合が多く、就職者の約57％、進学者の約40％が3年生まで進路を決定していない。[*1] 「ギリギリになって選ぶ」という特徴が日本の進路選択には存在している。

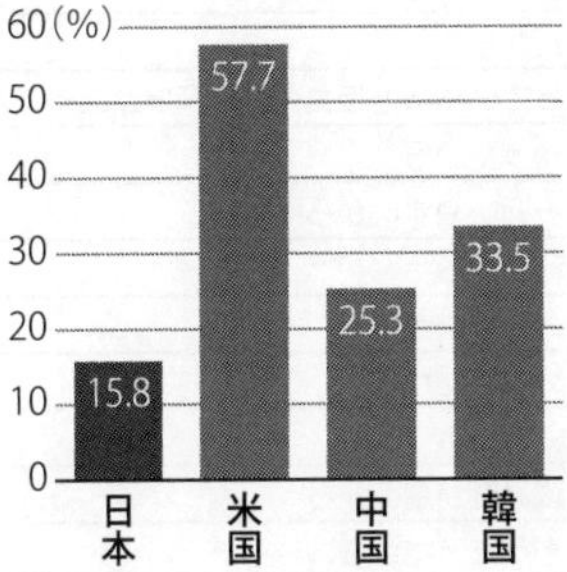

※リクルートワークス研究所「Global Career Survey 2013」

【図1】卒業後の進路を大学前期までに決定した人の割合

このギリギリに選ぶというスタイル、判断を遅らせて、ゆっくりと人生を考えること自体は決して悪いことではないが、若者が新しいステップの準備をする時間が短くなる弱点がある。例えば、この業界で働きたい・この職種で働きたいと考えていれば、その仕事に触れて必要な知識や資格を学ぶ準備もできるかもしれない。

しかし、そういった動機に基づく進路選択が行われていない実情もわかってきている。

動機なき学校選択

文部科学省が、21世紀出生児縦断調査という2001年度生まれの子どもたちに毎年状況を尋ねる方式の調査を実施している。この中で、進学先を選ぶ際、どういう「理由」で選んだかがその後

将来就きたい仕事と関連しているから	41.9	(%)
合格できそうだったから	37.0	
特色ある取組を行っているなど授業内容に興味があったから	31.1	
学校の雰囲気がよかったから	27.6	
自宅から近いから・通いやすいから	26.3	
卒業後の就職に有利だから	25.0	
高校の先生にすすめられたから	14.6	
親・親せきにすすめられたから	13.2	
その他	10.0	
他校よりも入学の難易度が高いから	8.2	
授業についていけそうだったから	7.6	
入部したい部活動があったから	5.2	
塾・家庭教師の先生にすすめられたから	4.6	
卒業後の大学院等への進学に有利だから	3.1	
友人が選択していたから	2.2	
無回答	0.1	

※文部科学省 ,21世紀出生児縦断調査　第19回より筆者作成

【図２】現在の学校選択理由（大学生）

の学校満足度に強く関係していることがわかっている。

調査では、進路選択の理由について複数回答で聞いている。現在の学校を選んだ理由について４割前後の若者がそうだと答えた主要選択理由とも言える項目が２つある。最多だったのは「将来就きたい仕事と関連しているから」で41・９％であった。また、同時に多くの若者が「合格できそうだったから」と答えており37・０％に上った。単に「入試で自分が合格しそうだったから」「模試で良い判定が出たから」という理由で選んでいるのだ。実に、大学進学者の３人に１人以上が「合格

できそうだったから」という理由でいまの学校を選んでおり、性別で見ると特に男子では最も多い進学先の選択理由になっていた（男子の39・1％）。

模試などを受けて行きたい学校に合格しそうかどうかを見定め、合格できるよう努力することは大事だが、逆に「模試で合格しそうなところだから入る」という発想になってしまっては本末転倒である。どういった選択理由・入学動機か、といった点も重要であるがここではその理由自体を否定も肯定もしない。ただ次のようなひとつの事実を指摘しておきたい。それは理由や動機によってその後の学校生活の満足度に著しい差が生まれているということだ。

大学等へ入学後、その選択に満足しているかを聞いたところ、全体では39％が「満足」と答えていた。しかし選択理由が「合格できそうだったから」と答えた人では27％しか「満足」と答えていない。一方で、選択の理由が「将来就きたい仕事と関連しているから」では満足している人の割合が50％に達していた。

重要なのは、入った学校による違いではなく選択の動機によってその後の満足度が左右されていることだ。大学等の学校にはもちろん、指導してくれる教官、カリキュラム、

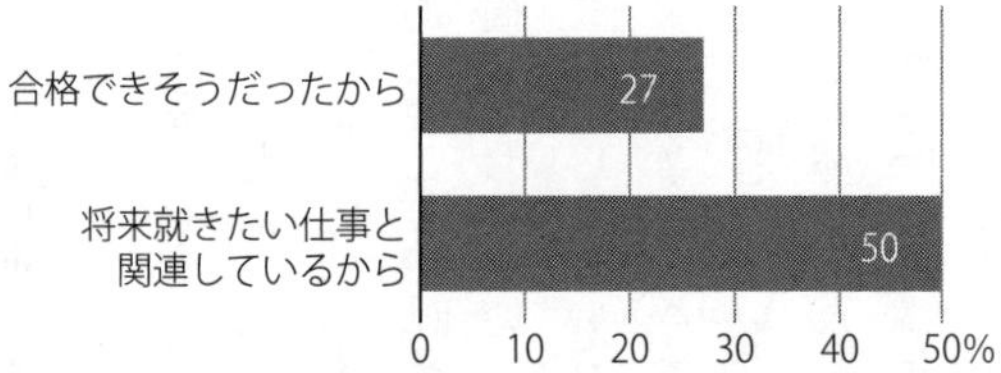

※文部科学省の「21世紀出生時（2001年）縦断調査」（20年）から。小数点以下は四捨五入
※大学、短大、専門学校等入学者を対象

【図３】学校選択理由別・進路選択後の満足度

設備からキャンパスの場所、そして偏差値までたくさんの違いがある。しかしこうした要素と別に、学校選択の動機が満足度に影響を与えている可能性がある。

動機は重要だ。同じ行動をしても、同じ学習をしても、動機が強いか弱いかによって結果も違えば、記憶の定着度合いも違ってくる。自分なりの動機・モチベーションがあることの大事さについては、「内発的動機づけ理論」として整理されている。

「自分が興味のある内容を教えてくれる」「卒業後に就職したい仕事と関連している」「学校や学生の雰囲気が良かった」……。入る学校を選ぶ理由にはいろいろなものがある。合格できそう、という理由で進学することの危険性は明らかだ。

オープンキャンパス、体験授業、ゼミ見学、様々な活動を通じて、「選ぶ理由」を見つけることができる。また、とある高校生から聞いて驚いたことがある。「卒業論文を読んで大学を選んでいます」。確かに、その学校に入学して何を学び、どのような力を身につけることができるのか、卒業する先輩学生が作成したものを確認すればわかるのは道理だ。進学先から何が得られるのか。そして、若者自身が何を得たいのか。この2つをはっきりさせることこそ、満足のいく進路選択の近道ということではないか。

この構図は、入社前の社会的経験を通じた、自分だけの動機を見つけている若手社会人と相似形をなしている。キャリア形成の選択権が否応なく若者側にもたらされる時代に、動機なき学校選択は社会人となったのちのキャリア選択の足を引っ張るだろう。

2　学びの動機はどうつくられるか

外側にしか学校生活の動機は存在しない

動機なき選択がもたらすネガティブな結果が、学校選択から垣間見《かいまみ》えた。それでは入社前における動機はどのように形成されるのだろうか。

興味深いデータがある。

例えば、学校での学びの動機はどこから来ているのか。昔から「好きこそものの上手なれ」という言葉もあるが、「心から勉強が好きです」「私は勉強が生き甲斐です」という人はそんなに多くはないだろう。どのように動機を得ているのか。この点について、経済産業省によって実施された若手社会人の大学時代を調査したデータがある。

大学時代のインターンシップ参加と大学生活の変化について調べた結果、実は、インターンシップにたくさん参加していた人ほど学習動機が向上していた傾向が見られるのだ。大学在学中に1ヵ月以上などの長期のインターンシップに参加した若者ほど、「大学での授業への出席が増えた」といった回答者が多くなっていた。また同時に、「大学内のクラブ活動やサークル活動への参加時間が増えた」というコミュニティ参加が活性化していることもわかった。大学での学習やサークル参加といった学内での活動を促進していたのは、大学外でのアクション（ここでは長期のインターンシップ）だったのだ。

入社前の学びや諸活動の動機を高めているきっかけが、企業での経験など学外にあるかもしれない。ここではインターンシップを題材にしたが、長期的なインターンシップは社会と繋がる経験と換言できる。そうした経験が例えば学生に「勉強する理由」を見

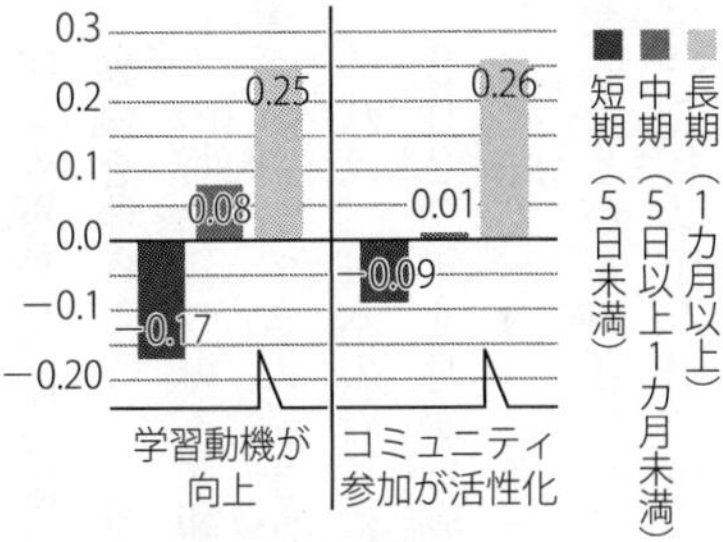

※経済産業省「学生・企業の接続において長期インターンシップが与える効果についての検討会 調査結果　新入社員に対する調査結果」（2020年）

【図4】インターンシップ参加期間と大学生活の変化（スコアが高いほど増加傾向がある）

つけるきっかけになった可能性がある。

学習や受験にとって、仕事の体験や企業訪問といった学外の活動は遠回りに見えるかもしれない。しかし、そういった活動からは今後のキャリア形成において何よりも大事な「勉強する理由」が見つかる。そして、学校の中だけにいては、学校の中の活動の動機を見つけることは難しいということはデータだけでなく、肌感覚としても理解しやすいのではないか。動機があってアクションがあるだけでなく、アクションがあって動機が生まれるということだ。

そしてこの結果は、企業側が入社後だけでなく早期から若者側と接点を持つことの社会的な重要性を示している。これは若手人材の青田買いをせよと言っているのではない。人的投資の在り方についてもっと全体を俯瞰した構造的一手が必要だ、ということを提起している。少なくとも企業は学生の動機形成を促す場を提供することができるのだ。

学びの選択が自由な国

動機を伴うキャリア選択を考えるうえで、ひとつ日本にとってポジティブな話がある。日本の将来について悲観的なことが言われるが、若者のキャリア形成環境について先人達が努力してきた結果が端的に表れているデータをお見せしよう。

それは、日本の若者には「学校を決める自由」があるということだ。

2022年4月から成人の年齢が18歳になった。日本では明治9年から140年以上も20歳成人が国の制度として続いていた。そんな中、「実感がわかない」という若者が多いことが報道された。長らく続いた国の制度が18歳成人に変わったばかりで、実感がないことは仕方がないことかもしれない。2022年1月〜2月に日本生産性本部が実施した世界各国の18歳を対象に行われた調査で、「自分は大人だと思う」と答えた日本の18歳は27・3%。これはアメリカの85・7%、イギリスの85・9%と比較するに及ばず、中国の71・0%、韓国の46・7%と比べても低い割合で大きな驚きをもって取り上

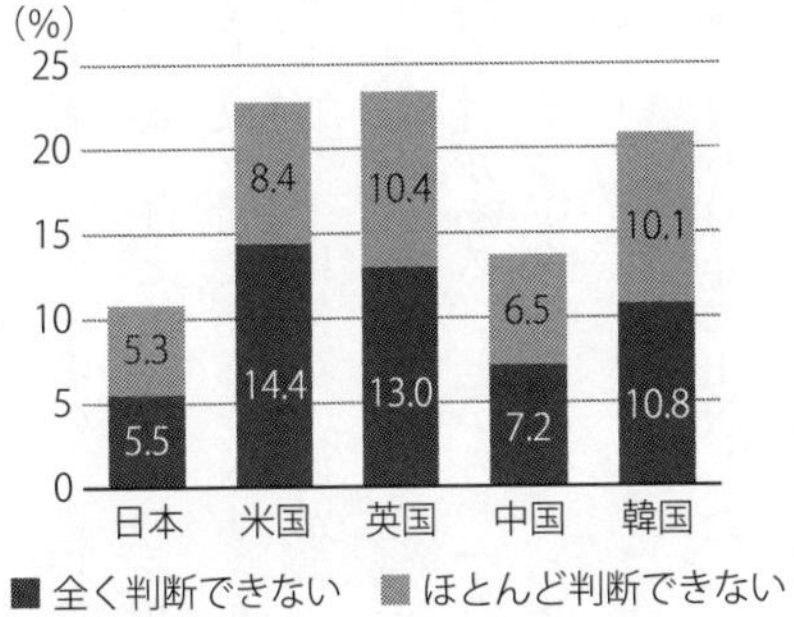

※日本財団「18歳意識調査」(2022年)

【図５】「入学する学校の選択」を、自身の意思で判断できない18歳の割合

げられた。

さて、18歳が自分を大人だと認識できることも重要だと思うが、筆者がもっと大切だと思うことがある。「自分の進路を自分で決めるタイミングがいつ来るのか」ということだ。この点について、当該調査では「入学する学校を自分の意思や希望で選択できますか」という質問をしている。この結果は実は先ほどの国々のなか、日本の18歳が「自分だけで判断できる」と答えた割合が最も高く、「自分だけで判断できない」と答えた割合は最も低かったのだ(図５)。

人生における重要な初期の転機である学校選択。18歳が大人かどうかは別として、これらの国々の中で、日本は18歳で自分の人生を自分で決められる環境にある若者が多いのだ。もちろん、日本でも全員が全員にそういった環境があるわけではもちろんないが、ただほかの国では、両親・親族の意向や学校の先生の意見など周りの大人の意見がより強く影響しているのだろう。

筆者はこの若者の「選択環境」に関する結果を見て、日本と他国、特に欧米諸国との若者感・子ども感の違いを想起せざるをえなかった。フランス革命期の高名な思想家であり文学者であるJ・J・ルソーは、近代教育思想の祖としても知られる。その著『エミール』[*2]では架空の孤児エミールをどう育てるかという視点から人間形成について思索している。この著作においてルソーが示した近代教育の大前提に、〝子どもは子どもの特有性がある〟という、「人間には子ども時代という時期がある」という主張がある。何を当たり前のことを、と思われるかもしれないが、実は人間の一生における子ども時代というのは、近代以降に「発見」されたものである。例えば、フィリップ・アリエスは1960年に出版した『〈子供〉の誕生』[*3]において、17世紀までの美術作品に登場する人物に子どもの特徴を持つ者が存在せず、背丈が小さいのみの小さな大人として描かれていることを示した。かつては労働力としてもコミュニティでの役割においても、幼児でなくなると子ども時代を経ずに大人の仲間入りをしていたのだ。子ども時代というのは社会的に作り出されたものであり、大人の社会と切り離して子どもを見つめる目線が作り出されたのである。

　こうして、かつて大学・大学院時代に教育社会学を修めていた筆者の本棚に眠っていた『エミール』と『〈子供〉の誕生』を思い起こさせた出来事がある。２０２２年の春、動画配信サブスクリプションサービス（Netflix）によって全世界に配信され、大ヒットし、欧米諸国で議論を生んだ「はじめてのおつかい」、英語版タイトル「Old Enough!」（直訳すると「十分に大人」）である。日本のテレビに同じ名前の番組があったな、と思うかもしれないが、その「はじめてのおつかい」である。リメイクでもなんでもない、日本の「はじめてのおつかい」がNetflixで全世界に配信され大ブレイクしたのだ。ただ、世界でたくさんの人が日本のリアリティショーを見たこと自体は、この際あまり重要ではない。ポイントは各国で激しい議論を生んだことにある。

　例えば、ＣＮＮオンラインの「日本の幼児はNetflixのOld Enough!で描かれるように自立しているのか?」という記事[*4]には米国において起こった様々な意見（というより有り体に言えば戸惑いの声）が掲載されており、「子どもを公の場でひとりで歩き回らせるなんてクレイジーだ」といったものから「（親の）怠慢と子どもの危険を助長している」といった意見が例示されている。また、「この年齢で自分の子どもにこんなことができたとは思えない」といった意見も掲載されている。

イギリスのガーディアン紙の「公共交通機関に幼児を置き去りにする日本のテレビ番組」[*5]も見てみよう。すでにタイトルが皮肉に満ち溢れていて少し笑ってしまうが、記事は理知的な内容で、この番組の要点が「子どもたちが冒険をし、それを自分の力で行い、そして成し遂げる」ことにあると整理したうえで、「しかしとても日本的な番組」なのでイギリスでリメイクされるバージョンを待つべきだとしている。

タイム誌では「なぜOld Enough!を絶対に見るべきか」[*6]という記事の中で、「米国での議論は、畏敬の念や楽しみの声から、不信と懸念にまで及んだ」と整理している。不信と懸念については前出の記事で理解できると思うが、どういった点に畏敬の念があったかといえば、記事では子どもをひとりで歩かせられる日本の治安や交通ルールの順守状況とともに、日本の子育て文化について触れている。専門家の声を引用し「日本では独立と自給自足が重んじられ、お手伝い習慣は日本の典型的な子育て方法」だとしている。

ほかにも、アメリカにおけるヘリコプター・ペアレント[*7]と比較し日本の親が子どもの自立心を信じているとする論調や、日本の地方部の話が多く日本の大都市は他国と同様に子どもには危険だと指摘するものまである。「はじめてのおつかい」が世界に侃々《かんかん》諤々《がくがく》の議論を生んだことの一端が摑めただろうか。

取り上げたのは、日本の子育て文化が欧米に比べて優れているか優れていないかではなく、子ども時代がどう見られているかという観点での〝違い〟が浮き彫りになっていると感じるためだ。日本の小学生が子どもたちだけで登下校し、更には電車やバスにのって通学することは当たり前の光景であるし、また学校の教室やトイレの掃除をすることも常識である。誰しもそういった経験がある。子どもの成長において早期の独立が重要視され、大人顔負けの言動をとる子どもを良しとする。これは、『エミール』や『〈子供〉の誕生』で提示された子ども時代の特有性を重視する文化とは異なる世界観ではないか。

アメリカなどいくつかの国では、そもそもこの「はじめてのおつかい」のように、子どもを公共の場でひとりで歩かせた場合、育児放棄と見なされ警察沙汰となるそうだが、それは子どもを大人とは異なる明確な保護の対象として見なしているためだ。ちなみに、アメリカの東海岸在住の日本出身の知人と話をした際にこの話をしたところ、彼女は興味深いことを言っていた。「レストランで子どもが騒いだり、お店のものをぐちゃぐちゃにしているのを何度も注意していると、〝神経質すぎない？〟〝子どもなんだから注意するのはナンセンスだよ〟と、周りのアメリカ人から言われる」。筆者は、欧米諸国のような『エミール』以来の子ども時代の特有性を尊重する文化と、日本の（欧米諸国と比べ相対的に）「小さな大人」として子どもを育てる文化に、「はじめてのおつかい」で論争があった以上に大きな子ども観の違いを感じている。

この〝違い〟が、日本の「入学する学校の選択を、自身の意思で判断できる環境」の背景にあるのではないか。日本社会では、少なくとも建前では、子どもの独立性を重んじて子どもの意思を尊重しようと、多くの家庭や学校教育ではっきり言葉にされるし、実際にそういった姿勢が根付く社会となっている。この子どもを「小さな大人」とみなす文化が、若者の学校選択における自由な選択環境を生起しているのではないか。もちろん、そうした環境があることと、その環境を活かせる力があることは全くの別問題だが、少なくとも若者が学校選択というキャリア選択を自由にできる環境があることは、大人たち、先人たちが日本に作り上げてきた営為の成果であろう。

話を戻そう。日本では学校選択をほとんどの18歳の若者が自分の意思でできるわけだから、自分の人生を自分で決めなくてはならない年齢はすでに18歳よりも早いタイミングになっている。自分だけの理由で自分の進路を決めることができるわけで、その後に長く続く自分の職業人生の設計・キャリア選択の準備期間なのだ。なぜその学校へ行くのか、なぜその進路を選ぶのかを考えた先に、現代社会の「成人」「大人」としての最初の一歩があるはずだ。

ただ、その選択が「動機なき自由」になっていることに筆者は強い懸念を示す。この点は最後の第八章でも取り上げよう。

［注］

1　「高校卒就職当事者に関する定量調査」（リクルートワークス研究所、２０２０）より

2　日本では訳書が3巻に分けて岩波文庫より出版されている

3　『〈子供〉の誕生――アンシァン・レジーム期の子供と家族生活』、１９８０、みすず書房

4　https://edition.cnn.com/2022/05/20/tv-shows/japan-youth-old-enough-netflix-intl-hnk/index.html（２０２２年8月5日閲覧・邦訳は筆者によるもの）

5　https://www.theguardian.com/tv-and-radio/2022/apr/07/old-enough-the-japanese-tv-show-that-abandons-toddlers-on-public-transport　（２０２２年８月５日閲覧・邦訳は筆者によるもの）

6 https://time.com/6167580/old-enough-netflix/ （2022年8月5日閲覧・邦訳は筆者によるもの）

7 自分の子どもにとって何か不都合がありそうならばその要因をすぐに取り除こうとする姿勢の親のこと。学校や交友関係に対して頻繁に介入する姿勢が、ヘリコプターで子どもの上空をホバリングしてすぐに降りてくる様子に似ていることから名付けられた。

第八章　ゆるい職場と新しい日本

「ゆるい職場」と「新しい日本」がどう結びつくのか疑問を持つ方もいるかもしれない。

しかし、職場の変化は社会の変化や課題に繋がっていくと考える。中国古典の『大学』に、「修身、斉家、治国、平天下」という言葉がある。まず自分の身を修め、家庭をととのえ、国を治めてのちに、天下が平和になるという意味で、この論理が社会人と職場、企業社会、天下国家の関係にも該当すると考えるからだ。つまり、日本が平和になるためには、ひとりひとりに仕事や役割があって、職場がととのい、企業や地域などの共同体が治まってのちに、天下泰平になる。過去の歴史を紐解いても、それほど外れてはいまい。この関係性のなか職場が大転換したことは、〝ひとりひとり〟にも、そして〝天下〟にも影響する。

もちろん、ゆるい職場は特に労働社会へのニューカマーである若者にとってその影響が大きく、若者とその育成を行う管理職や人事に本書で論じてきたような様々な効果を与える。その効果は人材育成面においては企業・組織を非常に難しい状況に直面させる可能性が高い。ただ、筆者は「ゆるい職場」という概念を想起した際、この言葉にいくつかの思いを込めた。

そのひとつは、ゆるい職場になること自体は単なる現実の現象でありそれ自体は良くも悪くもないということだ。「ゆるブラック企業」という言葉もあるが、これはゆるくて・ブラックな企業という意味で、成長機会が与えられないネガティブな面を持つ企業を強調した言葉である。しかし、ゆるい職場自体にはブラックもホワイトもなく、事実として調査からわかっているのは、労働時間の減少、職場からの支援の増加、コミュニケーションスタイルの変化、成長実感の乏しさ、キャリア不安等々といった要素である。良くもあり悪くもある、そうした事実としての環境変化である。昨今の労働法令改正によって期せずして起こったこうした変化をどう活かすも殺すも我々次第、なのだ。

最終章となる第八章では、会社・職場と若者という枠を超え、ゆるい職場という労働社会の大転換がこの国の先行に何をもたらすのかを考える。

まずは予測される（希望的）社会変化、そのあとに懸念される課題を取り上げる。

1　キャリア選択が世界一自由な国をつくる

自由の二重奏

かつての日本社会では終身雇用を前提とした〝逃げ切り〟が可能であり、良い大学に入り大きな会社に入る戦略がキャリア選択のセオリーとして有効であった。この有効性は徐々に薄れてきており、例えば、学校時代の成績と社会人になって以降の仕事満足度の関係性は弱まっていることが指摘されている。[*1] 中学3年生時点の学校成績認識という年収水準や社会人以降の学習頻度等への影響を指摘されてきたファクターと、その後の仕事満足度にほとんど相関が見られなくなっているのだ（2020年調査で相関係数は0・09でありこれは相関関係がないとされる水準。なお2016年調査では0・15であった）。さらに、20代後半の社会人の54%が既に転職を経験しているという調査結果もある。[*2] もちろん、育児や介護でブランクからの復職があったり、産業構造転換に伴う職種の変化やリスキリングが必要になることもあるだろう。ひとりひとりが、その変化のひとつひとつの局面において選択を迫られることになる。過去の、人生設計上のメルクマールが明確で、ここを押さえれば〝逃げ切れる〟という期待がもてた職業社会と比べ、今後は職業人生における選択の回数が飛躍的に増える職業社会へと変容することは間違いがない。

こうしたキャリア選択の回数が増える職業社会において、「ゆるい職場」によってある種の自由が提供されたことと、社会人になる前の段階の進路選択における自由が存在していることの2つのファクターが実は大きな意味を持つようになるのではないか。ダイレクトに言えば、キャリア選択の回数が増える社会になることと、個々人の選択の自由が高いことはとても相性が良いのではないか。

ゆるい職場における自由と進路選択の自由が重なって日本の若者に新しい環境を提供するのではないか。これを「自由の二重奏」と呼びたい。

ゆるい職場は若者に様々な「自由」を提供する。例えば、時間をどう使うかの自由である。大手企業に在職する若手の週あたりの平均労働時間は２０１５年から２０２０年で44・5時間から42・4時間となっていた。週2・1時間、月に8時間以上の可処分時間が創出されたのだ。数年前の若手社会人はこの月8時間以上の時間を会社での残業へと充てていたわけで、もちろんその時間は職務専念義務によって拘束されており上司の指揮命令のもと仕事をしていた。しかし現代においては、この時間を若手が自由に使えるのである。オンラインセミナーを受講しても良いし副業しても良い。趣味に使ってもただ寝ても、何をしても良い。

また、進路選択においても同様に、国際比較の観点から日本の18歳が進学する学校を自分で選ぶことができる環境にある。進路選びの自由という環境が日本の若者たちに提供されたもうひとつの自由である。

こういった自由は、他方で若者たちに対して、「選択と責任」の関係性を明確にしていくだろう。自分で考え行動し選択した者の方が、自由な環境の真の恩恵を獲得することができる。周囲に流されたキャリア選択は反省も気づきも生むことはない。しかし、自身で考え行動し選択する経験があればその結果がどうあれ、次の選択の局面においてより良いオプションを選ぶことが可能になる。ポイントは、こうした選択の機会がかなり早い段階からもたらされる社会になることにある。18歳での学校選択、そして社会人となった直後から直面するゆるい職場における「自由」。今後の日本の若者はこの「自由の二重奏」を前提に、キャリア選択を行っていくことになる。

いつの時代も若者は既得権を持たない。この性質のために、努力し挑戦する際のリスクやコストが小さいのだ。若者が徐々に少なくなる日本社会で、こうしたキャリア選択が自由で様々な挑戦が行いやすい環境が生まれつつあることは、若者が生きづらいと言う声が多い日本社会が再起するためのきっかけになりうる。若者がわくわくできる社会への突破口が開かれようとしているのではないか。

行動と動機の好循環を巻き起こす

この学校選択と職場生活における選択の自由が高まることで共通の現象が引き起こされる。それは「動機」の重要性が高まるということだ。人生で選択のタイミングが数回しかない社会[*3]であれば、その動機や理由がどんなものであれ、良い選択をするという結果に重きが置かれる。結果が手段を正当化したのだ。何が何でも有名企業に入り、どんな手段を使ってでも出世コースを行く、そんな生き様が映画やドラマ・漫画などで何度も何度も描かれてきた。かつて「出世は男の本懐」[*4]であったが、しかし時代は「パーパス」[*5]重視の時代へと歩を進めている。

ただパーパスと若手人材の議論で注意が必要だと感じるのは、若手人材全員がパーパスに敏感になっているとしても、それぞれにとってフィット感を感じる度合いが全く異なるということだ。漠然と良いな、と感じる段階の若者もいれば、自身の体験・経験・活動に照らし合わせて心からその会社と〝志〟が同じだと感じる若者もいる。エントリーシートの「志望理由」が、「パーパス」に置換されていく時、このフィット感の差は著しく大きなものとなる。

こうした事象はもちろん今後検証が必要だが、どんな会社に入ったか、ではなくどんな動機で入ったか、が重要となる可能性がある。

ただし、動機にはいくつか難しい性質がある。例えば、口頭で聞くことが難しい。「理屈と膏薬《こうやく》はなんにでもくっつく」ということわざもある。口では何とでも言えるのだ。これは採用面接などでさんざん若者の志望動機を聞いてきた方には実感があるのではないか。さらに難しいのが、若者が入社するにあたっての強い動機はどのように育つのか、という点が検証困難で未解明であることである。

直接は未解明なので、近接領域の先人の知恵を借りてしまおう。例えば、アメリカ・ノースカロライナ大学チャペルヒル校のバーバラ・フレドリクソン教授は、拡張―形成理論（broaden-and-build theory）として体系化した心理学理論において、「行動が心理状況を規定する一方で、心理状況が行動を促進する」という構造が存在することを指摘している。ポジティブ心理学として有名な研究であり、個人の積極的（ポジティブ）な心理状況によって様々な恩恵があるというように理解されることが多い。このフレドリクソン教授の指摘は、若者の動機を考えるうえでとても大きな示唆も含んでいると考える。行動とポジティブな心理状況にある種の好循環がある、という拡張―形成理論から考えると、例えば「行動と積極的な動機付け」にもある種の好循環がある可能性が高い。実社会での打ち手を考える際に重要なのは、「行動↓動機獲得↓更なる行動↓……」というループが存在しうることだ。つまり、動機を形成するある種の行動があるのだ。もちろん「動機獲得↓行動↓更なる動機獲得↓……」とも言えるわけで、〝どちらが先か〟は鶏卵論争である。

ただ、動機をどうつくるかが検証困難で未解明であることを思い出してほしい。であれば、行動をどうつくるか、どういった行動が自社での就労動機を高めるのかを考えることが現実的な視点ではないか。

実際に本書でも行動が動機をつくる調査結果をたくさん提示している。大学時代のロングインターンシップと学習動機等の関係も明らかになっているし、決定的なのは入社前の社会的経験が入社後のワークエンゲージメントとポジティブな関係があったことだ。こうした示唆は、「動機と、その背景にある行動の関係を利用することで、より自社にフィットした人材の獲得や育成に繋げることができる」ことを意味する。

特に筆者が思うのは、採用面接において評価者に「〝程度〟の判断はできないのではないか」ということだ。例えば、志望度が〝高いか低いか〟という程度の判断は当然必要になるが、志望理由を語る言葉選びや語彙力に依存するし、口から何とでも言えるのにどう裏打ちを持って評価するのか。その会社の業務の理解度、なども重要な基準だが、これも採用希望者が〝知っていた項目〟をリストアップすることはできても、理解度を採用官の目分量で〝評価〟することは極めて困難ではないか。

採用面接での評価とその後のパフォーマンスの関係がほとんどない、と指摘する声がある[*6]が、そのひとつの理由は、こうした〝程度問題〟を重要な基準においているからではないか。

しかし、ここでひとつの解決策がある。企業にとって採用希望者・学生が「したか・していないかの判断（ON・OFFの判断）は容易」であることを考えれば、経験したか・していないかで判断する項目を入れ込めば良いのだ。この際に、どういった経験を持つ社員が自社入社後の就業動機・ワークエンゲージメントなどが高いかという検討を行っておけば良い。動機が重要な時代に、動機を効果的に測定するということは、その代理指標である行動・経験を特定することがスタートラインだ。

若者の自己選択を大切にする日本。若者は「あなたは何がしたいのか」問われることに慣れており（慣らされており）、動機や選択理由を話すことはできる。ゆるい職場の時代に入り、「若手が積極的にやりたい仕事を名乗り出ない。しかし、強制的にはやらせたくない」という悩みを抱える管理職の声も聞く。ただ、「やりたい仕事」や意欲に繋がるような深い動機はいきなりは生まれない。まずは、動機形成の前段階で必ず起こっている小さなアクション、スモールステップを大切にする。行動と動機のプロセスの好循環を学生時代から経験できるような、しなやかな若者たちを増やしていくことが、日本の企業社会の大きな力となるのだ。

企業の新しいメンバーシップ

キャリア選択が自由な社会において、企業と若手の関係は新しいシステムに移行していくだろう。転職市場の拡大、労働市場の柔軟化などといった表現もされるが、ここではそれを少し違った視点から捉えよう。育つと辞めてしまう若者、自律的であればあるほど組織の中核人材にならず転職していく、そんな企業の悩みに対する〝力がある方が辞めやすい〟の二律背反な縛りから抜け出すためには、新しいメンバーシップ型企業に移行する必要がある。

なお、「ジョブ型」と「メンバーシップ型」という労働政策研究・研修機構の濱口桂一郎所長が命名した有名な人事システムの枠組みがあるが、筆者が提唱する「ハイパー・メンバーシップ」はこの2つの枠組みとは独立して存在する概念だと考えてほしい。濱口氏のジョブ型でもメンバーシップ型でも、ハイパー・メンバーシップ型の人材活用は成立する。一言で言えばその要点は、メンバーの定義を拡大することにある。

例えば、人材活用に先進的な企業で、副業社員を受け入れて活用する会社でも、社員が委託先業者に発注する感覚であるケースが見られる。非常にもったいない。社員と準社員、あるいは中核社員と関係社員。[*7] こうしたメンバーシップのすそ野を構成する〝関係社員〟こそが、今後の企業の変革資産になる。しかし、ハイパー・メンバーシップで広がるすそ野を人的資産として形成できている企業事例は国内では数えるほどしか聞くことがない。[*8] 社員は雇える分しか存在しえないが、すそ野を形成する関係社員はその数倍・数十倍の規模で存在しえるのだ。

こうした社会を本格的に形成するためには、労働法的な論点もある。果たして、労働契約のある社員と発注先の業務委託者、という現行法の体系だけで整理しきれるのだろうか。

ゆるい職場時代のなかで、若手社員の本業の会社との時間的・心理的コミットメントが相対的に薄まるなか、自分と自社という一本の関係性だけでなく、複数本の関係性で若手が職業人生を生きていく。ゆるい職場の研究からは、こうしたハイパー・メンバーシップ型の人材活用の意義が見えつつある。

余白を活かすキャリアづくり

同時に、ゆるい職場は若手にとって余白の多い職業生活を意味する。朝8時に出勤し、夜終電近くまであるいはそれ以上仕事をしていた昔の若手と比較すれば、その違いは明らかだ。本業の仕事が若手の時間に占める割合のなんと多かったことか！　今から20年前では社員旅行や社内運動会の実施率も非常に高く、休日にすら会社が入り込んでおり、下手すると起きている時間のほとんどが会社関係の時間だったのかもしれない。時間の割合の低下は、心に占める会社の割合を低下させる。他にライフミッションを持ち、会社以上に他のことで積極的に活動している若者がいるのだ。趣味の世界において、かつてアイドルオタク・アニメオタクなどと呼称されかなりニッチな要素が強かったものが、現在では「推し活」として若手において普遍性が高まったことも、本業の会社の仕事の占める割合が低下し参加のハードルを下げたことが背景にあるのではないか。

また、職業人生全体を見ても、余白が許されるようになってきた。育児・介護休業はもちろんのこと、大学・大学院・専門学校などでの学び直しや、自己研鑽のためのサバティカル休暇[*9]をつくる会社まで出てきている。育児休業については、度重なる法改正により性別を問わず、段階的に取得することが可能で取得期間中も一部の就労を続けられる、育児の前後で生じる〝余白〟を活かすことができる制度設計へと改善されている。「育児や介護をしている最中には育児や介護に専念すべきだ」という考えもあったが、法制度自体が別の活動と並行して行うことを許容しているのだ。

仕事にも、育児や介護にも、そのほかの活動にも、当然その前後に〝余白〟が生まれる。その〝余白〟で何をしようが個人の自由なのだ[*10]。むしろ、その〝余白〟の経験が生きる社会にすることにポイントがある。若手を含め、本業の仕事以外の割合が増えているのだから。

本業以外の活動の割合が増えたなかで、例えば、本業と副業で若手の時間の取り合い・ゼロサムゲームと考えてしまう企業もあるだろう。しかし、本業でできない経験をどう外側でさせていくのか、という俯瞰した思考が重要となる。

ゆるい職場時代には、自社単独ではもはや若手をかつてのように一人前には育て切れないのだ。

あらゆる経験が活きる

同時に、それを本業に還元させるシステムづくりも重要だ。それは企業組織にとってだけでなく、若手にとっても大きなメリットがある。社外での活動を職場でオープンにする必要は「特にない」わけだが、開示があればその経験やライフミッションに基づいた異動先やアサインが可能になることは言うまでもない。

筆者の知人で、大手通信会社に勤める若手社員がいる。彼は、グループ企業横断の有志活動を活発に実施したり、社外で団体を立ち上げたりと様々なイノベーティブなアクションを起こしていたが、本業でもその動きを共有していた。結果として、意中の上司が統括する、社内でも全く新しい事業に取り組むチームに抜擢された。彼が職場での仕事しかなかったとしたら、このキャリアパスは存在しえなかっただろう。外の経験を中に活かすことで、成長のスピードを飛躍的に高めることはもちろん、外の自分の視点で中の自分を見つめ直し自分の仕事の意義を改めて感じられる（「越境」の効果である）など、メタ認知的[*11]なキャリア構築を可能にしていくのだ。自分の居場所が複数あるため、キャリアレジリエンス[*12]も間違いなく高くなる。家具でも人でも、1本足より2本足、2

本足より3本足のほうが安定するに決まっているからだ。そして、外での活動を職場に開示しなければ、抜擢もありえなかった。

ただ、職場に開示のインセンティブがない状態で、若手に「開示せよ」とただ言っても単なるプライバシーの侵害に過ぎない。当然、プライベートでの活動は原則として個人の自由である。個人側に開示の義務は（職務専念義務や競業避止義務等を果たす限りにおいて）[*13]ないわけだから、開示のインセンティブ構築がポイントとなってくるのだ。社外での活動をグッドプラクティスとして社内に発表する場を設けたり、表彰したり、社内報で取り上げたりと比較的導入しやすい、承認欲求をくすぐるインセンティブから、実際に社外での経験をベースにした人事異動のケースをつくりロールモデルにしていくなど打ち手の幅は広く、試行錯誤が始まっている。

ゆるい職場の時代には、若手の職場外での活動が増え、かつそのキャリア形成における重要性が高まる可能性が高い。このため、職場外での活動を取り込んでいこう、という動きも盛んになっていくことが予測される。[*14]この結果として、ひとりの若者が様々な場で経験を得て、様々な場でその経験を活かす。ある経験が別の経験を豊かにする。ゆるい職場はそんな職業社会を現実のものとする可能性がある。

1000人未満起業に転職		1000人以上企業に転職	不明・無回答
20.3%		78.3%	1.4%
うち300人未満	うち300～999人		
14.1%	6.2%		

※リクルートワークス研究所「若手社会人のキャリア形成に関する実証調査（2020年）」結果を筆者が集計したもの。調査は初職正規雇用者、29歳以下、大学・大学院卒、就業経験３年以上の個人が対象。サンプルサイズ2126。図表の集計では、初職の企業規模が1000人以上の者のうち、転職経験があるものについて現職規模を集計したもの。現職が無職の者を除く。

【図１】大手企業（1000人以上企業）退職後の若手の現職企業規模

２　日本が今後直面する課題

「誰が若手を育てるのか」問題

外資系企業やベンチャー企業などに転職していく、「キャリアアップ転職」とも言われるキャリアチェンジを行う若者の話を聞くことが多々ある。例えば、１０００人以上の大手企業を退職後に３００人未満の企業に転職した若手の割合は１４・１％であり、７人に１人が大手企業を辞して中小企業・ベンチャー企業に転じていることがわかっている（図１）。ただ、こうした若者を中途採用している小規模な企業の採用担当者がポツリと言っていたことが気にかかっている。

「結局、日本のベンチャー企業は大手企業の若手育成にフリーライドしているんですよね」

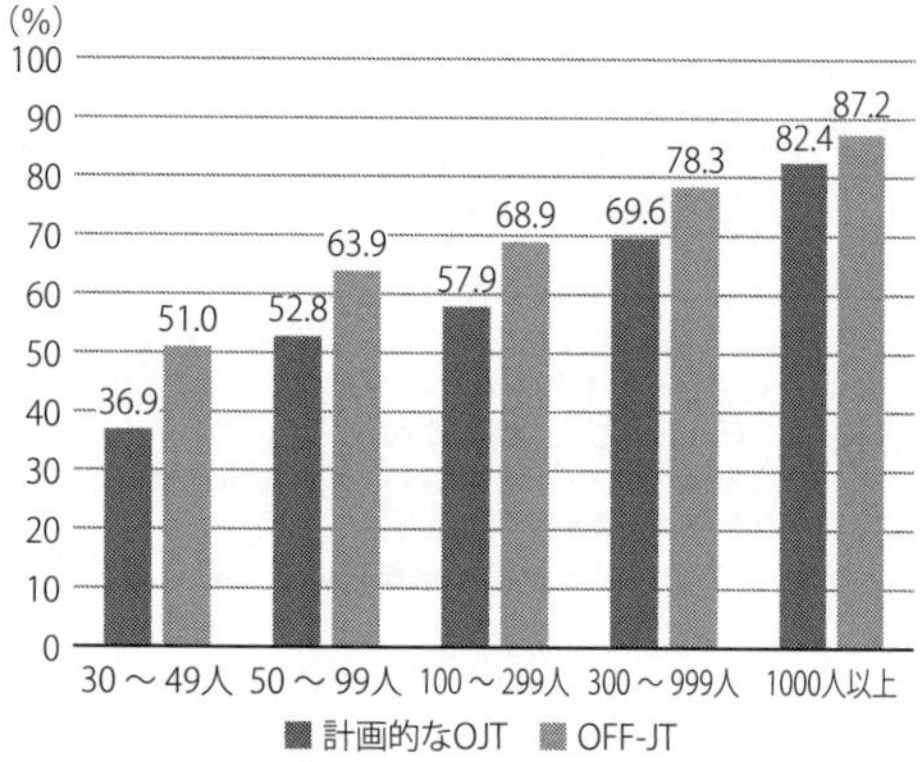

※厚生労働省，能力開発基本調査

【図２】OJT・OFF−JT の頻度（企業規模別、正社員）

厚生労働省の能力開発基本調査によれば計画的なＯＪＴ及びＯＦＦ－ＪＴともに、企業規模が大きくなるほど実施率が高い。それは教育投資に振り向ける財務的余力に加えて、現場の教育にかける人手面の余力が大きいためだろう。5～99人の従業員数の企業では35・1％がそもそも大学卒・大学院卒の新卒者を「以前も今後も採用しない」としている。[*15]学校卒直後の若者の新卒採用を毎年実施しそのうえでしっかり投資し育てる、そういったノウハウを持つ企業は実はそれほど多くはないのだ。

　こうした声に象徴されるように、日本の転職市場において大手企業出身者は未だ引く手あまたである。ただ、職場運営法令が急速に変化し大手企業の従来の育成メソッドが通用しなくなった。例えば今日、管理職にハラスメント研修を行わない大手企業は日本に存在しないだろう。育成とコンプライアンスについて、大手企業の管理職から次のような発言を聞いた。

「指導とハラスメントの境界線が曖昧なのが気になっています。昨今は録音される恐れもある。もちろんメールやチャットなどで文字で送るとスクリーンショットで保存される。若手に何か言うリスクが、長期的なチームのパフォーマンスを高めるメリットを上回ってしまっていると感じます。最近はできない若手がいても、強く指導はせず放置しておいて人事評価だけ下げる、という対応を取ることが増えています。自分で気づいてくれると良いのですが」

「若手の指導にかける時間がないんですよね……。若手の労働時間管理も厳しく、自分やほかの出来る先輩社員でやってしまった方が圧倒的に早いため、『いいねいいね』と若手を褒めておいて、あとは上で引き取ってしまいますね」

「会社の仕事に必要なスキルを高めるために行われる早朝出勤が必要なタスクがあったが、昨今は強制的にやらせることもできないため、自分がやってしまっている。若手にはこのタスクにはこういう意味があるんだよ、と共有しており、どこかで『自分もやるべきかも』と気づいてくれないかなと思っているが全然気づかず異動していってしまった」

現在、あらゆる職場でこうした問題が勃発していないか。コンプライアンスが経営上のマターとして最重要視される大手企業においては特にそうではないか。ほんの一例だが、日本の大手企業が若手を育てる力を急速に失いつつあるという危機意識を感じる。その原因や理由についてはいろいろな意見があるだろうが、ここまで本書を読んだ方には、その発端が職場運営法令改正によって現出した「ゆるい職場」にあるという視点で考えれば、こうした声の共通の背景に説明がつくと理解頂けるのではないか。

本書においては企業組織の今後打つべき若手育成施策の方向性についても具体例を用いて解説した。「横の関係で育てる」&「外を使って育てる」という、従来の人材育成からすると異端とも言えるアプローチが、有効性が高いことが示唆されていた。理論的な有効性のみならず、実例も徐々に出ているのだ。

しかし、大手企業がほとんど中途採用をせず、新卒採用で獲得した人材を大切に、同じ釜の飯を食べて、時に厳しく叱責し時に慈しむように育ててきた時代は終わった。では新たな日本の職業社会において、誰が若者を育てるのだろうか。特に社会人基礎力やコンピテンシーのような社会人として必須の素養の育成は、育成する者にとって短期的なリターンが乏しい。現在のように、転職してしまう見込みが高く、中長期的なリターンを回収できないと大手企業が判断した場合、誰が若者を社会人として育てきるのか。「育てず、育ち切った人を採用する」という戦略が個別最適にならないだろうか。

ゆるい職場時代の第一の懸念は、若手の育成難易度が高まったことによる、「自分は育てず、育ち切った人を採用する」戦略を採択する企業の比率が高まり、「誰も若者を育てなくなるのではないか」という懸念である。欧米では若年者の失業率が10％、20％という社会が存在している。そうした若者にとって出口のない社会でないことは、日本社会が世界に向かって誇って良い美点である。

ただ、おわかりの通り、もはや大手企業の育成にフリーライドはできない。中小企業・ベンチャー企業も本当に人が欲しければ、自前で育てなくてはならない。すでに、地方の中小企業においても高校卒者を採用していないにも関わらず高校生をインターンシップで受け入れるような、人材獲得の〝種まき〟を行っている企業も見られる。現場に負荷のかかる若年者のインターンシップ受入れは、数年後の大学卒時や最初の転職時に地元という選択肢を思い出して貰う材料になる、という深謀遠慮に基づくものだろう。

大学などの学校教育の責務も大きくなる。教育の独立性も重要だが、子どもたちは最後は社会に出ていくのだ。社会との接点を豊かに設け、生徒・学生時代から社会的経験を積ませることは学習動機にも繋がっていくのだ。

ただ、「誰が若者を育てるのか」という問い自体を転換することが必要だとも感じる。もはや「若者自身が自分を育てざるを得ない」のだ。職場での成長はそのワンパーツでしかない。パラレルにどんな活動をするか含め、キャリアの組み合わせを考えられるのは自分しかいないのだ。

この一点において「会社が若者を育てる」から「若者が会社を使って育つ」へのコペルニクス的転回が生じる。主語が変わってしまう。キャリア形成の主語たる若者が、相談役として支えるキャリアコンサルタントなど様々な人の力を借りつつ、考えて決定していく。仕事生活における余白が増え、自由度が増すなかで、この転回が大前提になっていくだろう。

「若者が会社を使って育つ」社会で、主語である若者を支えるために、私たち大人が何をできるのか。社会にある支援や制度は十分なのか。例えば、キャリアの相談を受けるだけでなく提案を行う機能が不十分であると感じる。「自分はこういう仕事をしたい」と思う若者に対して、具体的なリスキリングができる学校機関や勉強会を紹介し、必要な経験ができる出向先や副業先等を紹介する機能が必要になるだろう（冷静に考えれば、これはかつての日本企業がすべて行っていたことである）。

これらを「もう会社の問題じゃないから」で思考停止してしまっては、社会を豊かにする人材は永遠に生まれない。若者たちひとりひとりの問題は、社会の10年後、20年後の問題そのものなのだ。

自律なき自由

仕事生活における余白が増え、活動の自由度が増す。若手は自らの手でどう自分のキャリアを育てていくか、考え・実行することができる。自由度は高まっているが、同時に見えてくる問題は、「自律なき自由」になっているのではないかということだ。

以前筆者が若手社会人を調査[*16]した際に、職業生活における行動も情報収集も行っていなかった若手が、その後その消極性がどんどん増すことに気がついた。自律的にキャリアをつくっていこうと本を読んだり人に話を聞いたり、職場でスモールステップできた人は、その頻度が高まっていくが、他方でその頻度が少なかった人はますますその頻度が低下しているのだ。更に全体として、社会人になってから時間が経つほど自律的でなくなっていく傾向が日本の若手にはある。「会社人間になって会社に言われることだけ言われた通りにこなす社会人になる」ことの〝魔力〟に抗うことがいかに難しいことか。

いずれにしても、ゆるい職場が多くの若者にとって「自律なき自由」になることを筆者は懸念する。同年代の若手が活躍するのをSNSで見て、羨むことには何の価値もないし、同年代の失敗を見てシャーデンフロイデを感じることにも価値はない。しかし、余白の時間で生まれた時間をどう使うのかを決定できるのは、若者次第であるために「選択肢が多すぎて苦しい」とか「うまくいっている同年代と自分を比べて焦ってしまう」という声が、今後広がっていくだろう。自由は不自由、という声もある。

しかし、だからと言って「企業に全部決めてほしい」「わたしは〝社畜〟になりたい」という声が多数派になる未来も想像できまい。若者自身が自分がどう育ちたいか・どう育とうかを考えるゆるい職場時代に、社内外で取り組む行動と経験こそが自律へ向けた大きな資産となりえる。若者たちの心の根っこにある、「なにものかになりたい」という気持ちの背中を押せる最大の場は、やはり職場である。

「自律なき自由」の懸念に対しては、学校選択も含めた選択のプロセスを活かして経験値を蓄え、それを内省し自分のものにする機会が重要になる。自由なキャリア形成環境に対し、日本の全ての若者の準備が完了しているとは言い難く、企業だ学校だといった縦割りを超えた議論が必要だ。

そう考えると、いま大人世代が直接できることは多くはないかもしれないが、少なくとも自律的に様々なことを楽しんでいる1ケースとして若者の参考になることくらいはできるだろう。上司が自分のキャリアの正解を押し付けるのは問題外だが、賢明なる現代の管理職層はそれを恐れるがあまり、聞くことに徹して自分の意見を伝えなくなっていないだろうか。多くの大人のなかの一つの意見として、自分の考えを明確に伝え、できれば多様な大人の意見にも繋いであげる。これが「自律なき自由」の陥穽《かんせい》に落ちた若手に対して可能な、最初の一手ではないか。

はびこるパターナリズム

さらに乗り越えるべき点として挙げておきたいのが、パターナリズムからの脱却である。現代の新入社員は入社時点でかなり多様化していることは検証した。なのになぜ、その全てを単に「新卒」「うちの会社の若手」とカテゴライズしようとするのか。多様性が極めて高く、高校・大学時代にビジネスの経験がある者、社会人と製品・サービスを共同で開発した経験があるもの、ロングインターンシップなどでの就労経験がある者などが事実存在している。あえて断言すれば、キャリアの状況的にこうした者に「新卒」扱いは一切必要ない。少なくとも、入社以前の経験を十分に加味したうえで自社でのキャリアパスを検討するべきである。それは他の社員では当たり前に行っていることでしかないが、なぜ入社以前であるからという理由だけで職務経験として捨象してしまうのか。

もちろん、全ての入社前の社会的経験が加味できる程度の負荷があったわけではないが、それも他の社員の経歴でも言えることではないか。上司と若手、企業と若手に存在してきた「親―子の関係」から脱却することなしに、ゆるい職場時代の会社と若手の良い関係は存立しえない。

もちろん全員が全員同じ状況ではない。つまり、「まず自律性を高める」ことが必要な若者が存在するのと同時に、実は、もう十分に大人（Old Enough!）な若者が自社に入社してきていることを認識する。一律のパターナリズムが若手の力を殺してしまっている現実を直視しなくてはならない。

遅い選択の問題

最後に、「遅いキャリア選択」の問題がある。日本の大学生に、大学前期（2年次）までに卒業後の進路を決めていたかを調査したところ、決定していた人は15・8％に過ぎなかった。大学進学時は言わずもがな、就職活動に至るまで、自身のその後のキャリアに対して無頓着な状態で、事実上キャリア選択が先送りされているのだ。

更に、入社後も同様の状況にあり、「選択をしないという選択肢」をとる若手は多い。これは現代の若手というよりは、大人世代の問題を若手が継承したに過ぎないかもしれない。10数年前、筆者が就職活動をしていた際に聞いた社会人に、「優良企業に入りあえて専門を確定せずにキャリアを積んでいく」ことを〝モラトリアム最大化戦略〟と呼称し自分が採っている戦略として紹介されていた方がいた。これは言い得て妙だと感じたことを記憶している。まさに「選択をしないという選択」である。大手企業に入りジョブローテーションを繰り返しながら企業内特殊技能を蓄え中長期的に昇進していくことを目標とする戦略は、まさにモラトリアム最大化戦略と呼べるだろう。

安定的な経済社会ではこの戦略の有効性は高かっただろうが、[*17]変動的な世の中では、組織の継続性に賭けた、自身への短期的なリターンが著しく低いリスキーな戦略だ。もちろん、この戦略が通用する組織もまだまだあるが、通用する局面はかなり限定的と言えよう。

一時期よく言われたようなＶＵＣＡ的な経済社会。筆者はキャリア選択のタイミングは早ければ早いほど良いと考えている。その理由は、

①失敗しても再挑戦しやすい。もし選択した業種・職種や仕事が自分にフィットしないと感じ取った場合には、別の選択をとるための十分な時間があるのはより早く選択した者である。例えば、入社時に明確な希望を打ち出しその職種に就くことができれば、早いタイミングで力を尽くすことができる。全力を尽くしたうえでもしダメなら異動希望を出すなり転職するなり、いずれにせよ再度別の挑戦をすることが容易である。遅い選択では、選択後の打ち手が限定される。

②〝短距離走〟を走り切ることができる。単一組織での中長期的なキャリア形成が難しくなっているが、職務経歴書に書くことができるような経験をプロジェクト単位の仕事で積む機会は、社内外合わせてむしろ多くなっている。「Ａ社で○年間勤め

ました」ではなく「◎◎というプロジェクトを1年間かけて実行し、こういった職務を担いました」という経験を短距離走の経験と筆者は呼んでいる。継続した組織の仕事ではなく、新たに目的に合わせて実行力のあるプロジェクトチームを組成する際には、各自に明確な役割が求められることは言うまでもない。明確に自身の職種や専門性の選択が行われていなければ、その末席に誘われることも難しいだろう。〝短距離走〟の経験を豊かに積むためにも選択が早いほうが良い。

③コストパフォーマンスの良いキャリア形成ができる。詠み人知らずだが筆者の好きな言葉に「目的地のない船に追い風は吹かない」というものがある。目指す方向が決まってはじめて、今吹いている風が追い風なのか向かい風なのか判別することができる。今後の若手のキャリア形成にとっても同じことが言えるのではないか。自身の向かう方向を決めて、初めて今の環境が良いか悪いか判断できる。自身で選ぶ実感が、この環境判断の感度を研ぎ澄ましていくだろう。

もちろん、その選択はずっと「仮決め」のようなものかもしれない。大企業の幹部をしていた人が退職後に始めた全くこれまでと異なる仕事を「天職だ」と感じる話を聞いたことがあるが、別にいつになっても「本決め」する必要すらないかもしれないのだ。

キャリア理論においてよく引用される計画的偶発性理論[*18]では、「個人のキャリアの重要なチャンスの80％は予期せぬ出来事によって起こっており、事前に綿密に計画するよりもむしろその偶然の出来事が到来した際にそのチャンスを逃さずつかみ取り、自身にとって良い方向へ活かしていく計画性こそが重要である」とする。また、神戸大学名誉教授の金井壽宏も、「キャリア・ドリフト」という概念で、自分のキャリアについて大きな方向づけさえできていれば、節目と節目の間の偶然の出会いや予期しない出来事をチャンスとして柔軟に受け止めるために、あえて状況に流されるままでいる（キャリア・ドリフト＝キャリアの漂流）ことも必要と提起している。

ここで言う「キャリアの仮決め」も、クランボルツの偶然への計画性や金井の大きな方向づけと同じニュアンスである。その仮決めは早ければ早いほど良い。日本の若者の仮決めは遅すぎ、遅すぎることがゆるい職場時代の自律的で自由な若者のキャリア形成を阻害している。

さて、我々は若者が早く仮決めできるよう、どういう支援が必要なのかを考えなくてはならない。読者諸氏にもいろいろなアイデアがあるのではないか。筆者がもう一度だけ言いたいのは、無数の情報ではなく少数の実経験こそが、腹落ちする仮決めに繋がるだろうということだ。

[注]

1　古屋星斗、「学生時代の成績」と「仕事満足度」の関係の変化に関する考察、https://www.works-i.com/column/works04/detail037.html

2　リクルートワークス研究所、全国就業実態パネル調査を筆者分析。

3　リンダ・グラットンは過去の、数回しか選択のタイミングのない人生を「3ステージ型人生」と表現した（『LIFE SHIFT』）。

4　庵野秀明監督「シン・ゴジラ」より。泉修一の台詞。文脈を補足するために以下に続く台詞も補っておく。「出世は男の本懐だ。そこに燃えんとは、君なんで政治家になった?」

5　『パーパス経営　30年先の視点から現在を捉える』（2021、東洋経済新報社）の著作がある名和高司氏は、パーパス経営を邦訳し志本経営と呼称している。

6　例えば、筆者が所属するリクルートワークス研究所の前所長である大久保幸夫は、数十年にわたる企業経営者等の意見から講演等でこう語っている。

7　地方創生の文脈で、「関係人口」という言葉は一般的であり、それを企業組織に流用した。

8　副業人材を大規模に採用しその中から中核人材を探す動きを見せているヤフー株式会社、退職者を〝卒業生〟として肯定的に捉え、継続的な人的資産として形成してきた株式会社リクルートなど。

9 サバティカルとは職務を離れた長期休暇のこと。もともとは大学教授の研究休暇（数年勤務した者に対して1年間付与など）として一般に採用されてきた。「サバティカル」という言葉自体に長期休暇の意味があるが、ここでは昨今の日本での使用例に基づきサバティカル休暇と記載した。

10 リクルート研究所が実施した社員の副業実施についてのインタビューに対して、早くから副業を解禁してきた新生銀行は、「一人ひとりが仕事のパフォーマンスをきちんと発揮している限り、就業時間以外の時間をどう使うかは各社員の自由に任せる。そこまであれこれと会社がコントロールするのは間違っている」とコメントしている。

11 自分の心理的状況や認知状況を、客観的に捉えて現状を判断しコントロールすること。自分の認知を認知することからこの名称で呼ばれる。

12 職業人生の避けられない逆境に対し、それを乗り越えるための能力。

13 なお、競業避止義務については、経営幹部ではない一般社員にどこまで課せられるかについて判例はかなり限定的な解釈をしている。

14 既に一部の大手企業において、中小企業での副業やベンチャー企業への出向が導入されている。

15 リクルートワークス研究所、2021、採用見通し調査（2023年卒）、5～99人規模企業のサンプルサイズは904

16 リクルートワークス研究所、2019、「若手社会人のキャリア形成に関する実証調査」

17　なお、法政大学教授の石山恒貴氏は「日本企業のタレントマネジメント」において、日本型人事管理の主要な特徴として、ＯＪＴによる能力開発などと並んで、長期的な昇進管理（おそい選抜）を挙げる。

18　Planned Happenstance Theory　アメリカ・スタンフォード大学教授であったジョン・Ｄ・クランボルツが提起した。

おわりに

若手育成の難易度が上がっていると感じることがないだろうか。

「現場での若手の育成や指導についてどの程度課題を感じますか？」

筆者は大手企業の管理職研修などに呼ばれた際、この質問を現場のマネージャーに投げかける。とある会社では、数百名の参加者のなかで、96・5％のマネージャーが「強い課題を感じている」「やや課題を感じている」と答え、「あまり課題を感じていない」「課題を感じていない」マネージャーは実に全体の3・5％に過ぎなかった。

現場のマネージャーの96・5％が課題を感じる現在の若手育成。事実難易度は極めて高いことは本書で示したデータからも窺《うかが》える。ただ、何か大きなボタンの掛け違えがあるのではないか。この掛け違えは、「職場環境が変わった」ことを「若手が変わった」ことと誤解していることに起因する、というのが本書の背景にあるメッセージである。

本書は「日本の職場全体が急激にゆるくなった」話に立脚しており、「ゆるい若者」の話ではない。現在進行中の職場の変化が若者に対して、実はとても大きな影響を与えているのでは、という問題提起である。いつの世も、環境適応力が高いのは若い人々だ。

同時に、今後の日本企業において最も稀少なリソースは、人口構造からみて間違いなく、組織の中核となる意欲と能力のある若手人材になるだろうから、組織としてこの課題の優先順位が上がっていくのは当然のことだ。プレッシャーと変化のなかで、現場のマネージャーはひとり苦しんでいる。そうした苦しみの声に少しでも応えたいと筆をとったのが本書である。若者のことがわからない、そもそも何が課題なのかわからない。そんな声に、新しい視点を提供することができたなら本望だ。

さて、ゆるい職場によって日本の若手にはたくさんの職業生活上の選択肢が生まれた。かつてこの国には、職場で与えられる仕事だけをしっかりとこなしていれば出世し、社会から認められ、幸せになれるという時代があった。こうした職業社会はある種の「楽園」だったと感じる。今の若手にはもちろんもうこの「楽園」は存在しない。知恵の実を食べてしまったかのように、自身の現状が労働市場・転職市場という視点で客観的に見えてしまうし、ほかに様々な選択肢があることも知ってしまった。知恵の実を食べなければ良かった、と思うのは勝手だが、食べた林檎を元に戻すことはできない。

しかし、「失楽園」後の日本には、これまでの日本の職業社会にはなかった無視し難い魅力がある。余白の時間が生まれ、多様な経験が活きる。自分が望むようにキャリアをつくることを、周りが応援してくれる。繰り返すがいつの世も、環境適応力が高いのは若い人々だ。彼ら・彼女らがゆるい職場でつくるスタイルは、日本での新しい人生の在り方を形作っていくだろう。日本経済が強いか弱いかはこの際関係がない。自分に合った生き方で職業人生を過ごす人が多いか少ないかで言えば、その結論は明らかだろう。それが、人しか資源がないこの国に再びのチャンスをもたらすかもしれない。

「チャンスはまたくる」といえば、最後にもうひとつ触れておきたい。筆者は、最初の就職先を早期に辞めた若者のその後の仕事満足度を分析したことがあるが、実は悪影響は見られなかった。選択肢が増えたことは、当初のキャリアをドロップアウトしたとしても、また自身が活躍できる場所を発見できる可能性が上がることを意味する。一回きりの新卒就活の成否が人生を決定しない、やり直しや学び直しがいつでも可能、そんな失楽園にできるならむしろ素敵ではないか。

もう「企業戦士」はいないし、夜な夜な飲みに行って語り明かすこともできない。しかし、これまで狭い枠組みに縛り付けられていた若手が、躍動しようとしている。ゆるい職場が日本の職業社会にもたらす本当の意味が明らかになるのは、これからである。

本書の執筆にあたり、多くの方との議論の機会を得、アドバイスや感想の言葉を頂いた。インタビューに付き合って頂いた延べ110名以上の若手の皆さんの率直な意見がこの本の底流にある。特に、ライフシフトジャパンの豊田義博氏には、膨大なデータと格闘している最中の茫漠とした相談に道筋を示して頂いた。法政大学の石山恒貴氏に、初期の研究へ大局的な視座で時に厳しく時に温かく指導頂いた。リクルートワークス研究所の奥本英宏氏に研究計画や文章面に何度もアドバイスを頂いた。本書はこの3名の師がいたことで豊かになった。また、書籍にするにあたり中央公論新社の疋田壮一氏の強力なサポートが無ければ形にはならなかった。この場を借りて感謝を申し上げる。

本書は主に早朝の自宅で書き上げた。娘が起きてくる時間になっても筆を止めない私に愛想をつかさず、そして強力な相談相手であった妻に謝意を伝えたい。

参考文献

石山恒貴『越境的学習のメカニズム―実践共同体を往還しキャリア構築するナレッジ・ブローカーの実像』福村出版、2018年
石山恒貴『日本企業のタレントマネジメント　適者開発日本型人事管理への変革』中央経済社、2020年
一般社団法人日本経済団体連合会「副業・兼業に関するアンケート調査結果」2022年
香川秀太「『越境的な対話と学び』とは何か」香川秀太・青山征彦編『越境する対話と学び―異質な人・組織・コミュニティをつなぐ』35―64頁、新曜社、2015年
金井壽宏『働くひとのためのキャリア・デザイン』PHP研究所、2002年
金井壽宏『仕事で「一皮むける」―関経連「一皮むけた経験」に学ぶ』光文社新書、2002年
経済産業省「学生・企業の接続において長期インターンシップが与える効果についての検討会調査結果 新入社員に対する調査結果」2020年
厚生労働省「新規学卒者の離職状況」、https://www.mhlw.go.jp/stf/seisakunitsuite/bunya/0000137940.html（2022年4月30日閲覧）
厚生労働省「若者雇用促進法のあらまし（事業主向け）」、https://www.mhlw.go.jp/content/11800000/000912795.pdf（2022年5月1日閲覧）
厚生労働省「パワーハラスメントパンフレット」、https://www.mhlw.go.jp/file/06-Seisakujouhou-

11900000-Koyoukintoujidoukateikyoku/0000189292.pdf（２０２２年8月12日閲覧）
厚生労働省「能力開発基本調査　令和3年度」
産労総合研究所「社内イベント・社員旅行等に関する調査」
総務省「労働力調査」
武石恵美子・林洋一郎「従業員の自律的なキャリア意識の現状：プロティアン・キャリアとバウンダリーレス・キャリア概念の適用」キャリアデザイン研究、２０１３年
名和高司『パーパス経営―30年先の視点から現在を捉える』東洋経済新報社、２０２１年
日本財団「18歳意識調査　第45回テーマ『18歳成人・18歳の価値観』２０２２年
濱口桂一郎『新しい労働社会　雇用システムの再構築へ』岩波書店、２００９年
フィリップ・アリエス『〈子供〉の誕生―アンシァン・レジーム期の子供と家族生活』（杉山光信・杉山恵美子訳）みすず書房、１９８０年
古屋星斗「若手社会人の越境実施への自社における活動の影響―ポジティブフレーミングを媒介として―」経営行動科学、２０２１年
文部科学省「21世紀出生児縦断調査（平成13年出生児）第19回調査
リクルートキャリア「求職者が転職活動で〝知り得なかった情報〟トップ3」２０１８年、
https://www.recruit.co.jp/newsroom/recruitcareer/news/20180524.pdf
リクルートマネジメントソリューションズ「大学生の就職活動調査２０２１」２０２１年
リクルートワークス研究所「働きがいの実態調査２０２０」２０２０年

リクルートワークス研究所「若手社会人のキャリア形成に関する実証調査」２０２０年
リクルートワークス研究所「大手企業新入社会人の就労状況定量調査」２０２１年
リクルートワークス研究所「大手企業における若手育成状況検証調査」２０２２年
リクルートワークス研究所「Global Career Survey」２０１３年
リクルートワークス研究所「全国就業実態パネル調査」
リクルートワークス研究所「採用見通し調査（２０２３年卒）」２０２１年
リクルートワークス研究所「中途採用実態調査」
リンダ・グラットン＆アンドリュー・スコット『ＬＩＦＥ ＳＨＩＦＴ ライフシフト』（池村千秋訳）東洋経済新報社、２０１６年
ルソー『エミール（上）』（今野一雄訳）岩波書店、１９９４年
労働政策研究・研修機構「新型コロナウイルス感染症関連情報：新型コロナが雇用・就業・失業に与える影響 国際比較統計：完全失業率」、https://www.jil.go.jp/kokunai/statistics/covid-19/f/f01.html（２０２２年４月30日閲覧）
Deci, E. L., & Ryan, R. M. (2008). Self-determination theory: A macrotheory of human motivation, development, and health. Canadian psychology/Psychologie canadienne, 49 (3), 182.
Fredrickson, B. L. (1998). What good are positive emotions?. Review of general psychology, 2 (3), 300-319.
Gallap. INDICATORS Employee Engagement. https://www.gallup.com/394373/indicator-

employee-engagement.aspx

Mitchell, K. E., Al Levin, S., & Krumboltz, J. D. (1999). Planned happenstance: Constructing unexpected career opportunities. Journal of counseling & Development, 77(2), 115-124.

Personal Capital-Harris Poll. (2021). "The Great Resignation" - Pandemic fuels career shifting motives, study shows 66% of American workers are on the move.

Shimazu, A., Schaufeli, W. B., Kosugi, S., Suzuki, A., Nashiwa, H., Kato, A., ... & Kitaoka - Higashiguchi, K. (2008) . Work engagement in Japan: validation of the Japanese version of the Utrecht Work Engagement Scale. Applied Psychology, 57 (3), 510-523.

Spurk, D., Abele, A. E., & Volmer, J. (2011). The career satisfaction scale: Longitudinal measurement invariance and latent growth analysis. Journal of Occupational and Organizational Psychology, 84 (2), 315-326.

ラクレとは…la clef=フランス語で「鍵」の意味です。
情報が氾濫するいま、時代を読み解き指針を示す
「知識の鍵」を提供します。

中公新書ラクレ
781

ゆるい職場《しょくば》

若者《わかもの》の不安《ふあん》の知《し》られざる理由《りゆう》

2022年12月10日初版
2023年1月25日再版

著者……古屋星斗《ふるやしょうと》

発行者……安部順一
発行所……中央公論新社
〒100-8152 東京都千代田区大手町1-7-1
電話……販売 03-5299-1730　編集 03-5299-1870
URL https://www.chuko.co.jp/

本文印刷……三晃印刷
カバー印刷……大熊整美堂
製本……小泉製本

Published by CHUOKORON-SHINSHA, INC.
Printed in Japan　ISBN978-4-12-150781-5　C1236